SE 07

# Curso
# MAD360

*La diferencia entre aprobar
y sacar plaza*

# Técnico/a en Cuidados Auxiliares de Enfermería

## SERVICIO CANARIO DE SALUD

Si aún no dispones de tu **Curso MAD360**, te ofrecemos un acceso GRATIS de 30 días para que disfrutes de los siguientes recursos:

AF212408

- Técnicas de Memoria 360.
- MADTEST: Test *online* Nivel PRO.
- Temario en formato digital.
- Vídeos y esquemas.
- Planificación de estudio.
- Foro entre opositores hasta la fecha del examen.*
- Recursos y novedades exclusivas.
- Consúltanos sobre tu oposición y proceso selectivo.
- Actualizaciones legislativas (Boletines Oficiales) hasta 60 días antes de la fecha del examen.*

Para acceder a esta prueba del Curso MAD360** será necesaria la compra de todos los libros para esta especialidad de la edición 2025.

Regístrate en **mad.es/iniciar-sesion** y en la pestaña MIS CURSOS valida los códigos que encuentras en la última página de tus libros.

---

**NOTA IMPORTANTE:**

\* Examen de esta categoría profesional correspondiente a la convocatoria publicada en el BOC n.º 116, de 13 de junio de 2025, o hasta el 31 de octubre de 2026, lo que se cumpla antes, y previa renovación del servicio.

\** El acceso al CURSO MAD360 estará disponible desde octubre de 2025 (algunos recursos podrían estar disponibles en fecha posterior). Tendrá una duración de 30 días RENOVABLES mediante pago, desde la validación de códigos, o hasta el 30 de abril de 2027, lo que se cumpla antes.

MAD se reserva el derecho a ampliar dichas fechas.

# Técnico/a en Cuidados Auxiliares de Enfermería del Servicio Canario de Salud

# Técnico/a en Cuidados Auxiliares de Enfermería del Servicio Canario de Salud

## Test del temario

# Autores

**HERMINIA ANDRADES ROMERO**
Diplomada en Fisioterapia
Técnica Superior en Imagen para el Diagnóstico
Técnica Superior en Laboratorio de Análisis Clínico
Auxiliar de Enfermería

**CARMEN SILVA GARCÍA**
Diplomada Universitaria en Enfermería
Técnica Especialista en Laboratorio

**LUIS SILVA GARCÍA**
Diplomado Universitario en Enfermería

**JOSÉ MANUEL PÉREZ SANTANA**
Diplomado Universitario en Enfermería

**JUAN MANUEL GIL RAMOS**
Licenciado en Medicina
Master en Salud Ambiental
Médico Puericultor

**LIDIA MARINA PONCE MARTÍNEZ**
Licenciada en Psicología
Máster en Terapia Familiar y de Sistemas

© 7 Editores Recursos para la Cualificación Profesional y el Empleo, S.L. (7 Editores)
© Los autores
Primera edición, septiembre 2025 (156 páginas)
Derechos de edición reservados a favor de 7 Editores
IMPRESO EN ESPAÑA
Diseño Portada: 7 Editores
Edita: 7 Editores
Avda. San Francisco Javier, 9 · Edificio Sevilla 2 · Planta 11 · Módulos 25-27 · 41018 Sevilla
Teléfono: 954 784 411 · WEB: www.mad.es · e-mail: administracion@7editores.com
ISBN: 978-84-142-9786-5
© "Editorial Mad" y "Eduforma" son nombres comerciales registrados de
7 Editores Recursos para la Cualificación Profesional y el Empleo, S.L.

# Índice

# TEST N.º 1

## Derechos y obligaciones en la Ley 31/1995, de 8 de noviembre de Prevención de Riesgos Laborales

**1. Los representantes de los trabajadores con competencia en materia de prevención de riesgos laborales son:**

a) Los miembros de la Junta de personal, Junta Facultativo y Junta de Enfermería.
b) Los técnicos de prevención de riesgos laborales.
c) El Servicio de Medicina Preventiva.
d) Los delegados de prevención.

**2. ¿Qué se entiende por "riesgo laboral"?**

a) La posibilidad de que un trabajador sufra un determinado daño derivado del trabajo.
b) La posibilidad de que un trabajador sufra una enfermedad en el trabajo.
c) La posibilidad de que un trabajador sufra acoso.
d) El riesgo que supone el ir a trabajar.

**3. Indica cuál es la definición de prevención:**

a) La probabilidad racional de que un riesgo se materialice de forma inminente.
b) El estudio de los procesos potencialmente peligrosos para el trabajo.
c) Conjunto de actividades o medidas adoptadas o previstas en todas las fases de actividad de la empresa con el fin de evitar o disminuir los riesgos derivados del trabajo.
d) Posibilidad de que un trabajador sufra un determinado daño derivado del trabajo.

**4. Según recoge el artículo 4 de la Ley 31/1995, quedan específicamente incluidas en la definición de condición de trabajo:**

a) Las características particulares de los locales, instalaciones, equipos, productos y demás útiles existentes en el centro de trabajo.
b) La naturaleza de los agentes físicos, químicos y biológicos presentes en el ambiente de trabajo y sus correspondientes intensidades, concentraciones o niveles de presencia.

c) Los procedimientos para la utilización de los agentes citados anteriormente que no influyan en la generación de los riesgos mencionados.

d) Todas aquellas otras características del trabajo, excluidas las relativas a su organización y ordenación, que influyan en la magnitud de los riesgos a que esté expuesto el trabajador.

**5. ¿Cuál es la vigente Ley de Prevención de Riesgos Laborales?**

a) Ley 32/1995, de 8 de noviembre.
b) Ley 30/1996, de 8 de noviembre.
c) Ley 31/1995, de 6 de noviembre.
d) Ley 31/1995, de 8 de noviembre.

**6. Entre los principios de la acción preventiva recogidos por el artículo 15 de la Ley de Prevención de Riesgos Laborales, no figura:**

a) Evitar los riesgos.
b) Evaluar los riesgos que se puedan evitar.
c) Tener en cuenta la evolución de la técnica.
d) Dar las debidas instrucciones a los trabajadores.

**7. En las empresas de hasta 30 trabajadores el Delegado de Prevención será:**

a) El propio empresario.
b) El trabajador más antiguo.
c) El trabajador de mayor cualificación.
d) El delegado de personal.

**8. Según la Ley de Prevención de Riesgos Laborales, se constituirá un Comité de Seguridad y Salud en todas las empresas o centros de trabajo que cuenten con:**

a) 30 o más trabajadores.
b) 50 o más trabajadores.
c) 75 o más trabajadores.
d) 100 o más trabajadores.

**9. La evaluación de los riesgos laborales es:**

a) Es un proceso técnico en la organización del trabajo.
b) Un proceso dirigido a estimar la magnitud de los riesgos que no hayan podido evitarse.
c) Es un procedimiento estático.
d) Es una práctica para el control y la protección de los trabajadores.

**10. En los casos de concurrencia de trabajadores de varias empresas en un centro de trabajo cuando existe un empresario principal, uno de los deberes de vigilancia por parte de este, consistirá en:**

a) Impulsar la regulación de esquemas organizativos, que eviten los accidentes de trabajo.
b) Comprobar que las empresas contratistas y subcontratistas concurrentes en su centro de trabajo han establecido los necesarios medios de coordinación entre ellas.

c) Asegurar la correcta utilización por parte de los trabajadores de las empresas concurrentes de los correspondientes dispositivos de seguridad disponibles.

d) Asegurarse de que los trabajadores concurrentes disponen de la formación preventiva correspondiente.

**11. Cuando los trabajadores estén expuestos a un riesgo grave e inminente con ocasión de su trabajo, y el empresario no adopte o no permita la adopción de las medidas necesarias para garantizar la seguridad y la salud de los trabajadores, la Ley 31/1995, de 8 de noviembre, de Prevención de Riesgos Laborales prevé:**

a) Los trabajadores afectados podrán paralizar la actividad.

b) El órgano de representación del personal instará formalmente al empresario a la adopción de las medidas necesarias.

c) Los Delegados de Prevención lo comunicarán a la autoridad laboral, que adoptará las medidas necesarias.

d) El órgano de representación de personal podrá acordar la paralización de la actividad.

**12. Según establece el art. 4 de la Ley 31/1995, de 8 de noviembre, de Prevención de Riesgos Laborales, se define como daños derivados del trabajo:**

a) La posibilidad de que un trabajador sufra un determinado daño derivado del trabajo.

b) El que resulte probable racionalmente que se materialice en un futuro inmediato y pueda suponer y pueda suponer un daño grave para la salud de los trabajadores.

c) Las enfermedades, patologías o lesiones sufridas con motivo u ocasión del trabajo.

d) Cualquier máquina, aparato, instrumento o instalación utilizada en el trabajo.

**13. El art. 23 de la LPRL establece la documentación que el empresario debe elaborar y conservar a disposición de la autoridad laboral. De las siguientes no está incluido:**

a) El Plan de prevención de riesgos laborales.

b) Evaluación de los riesgos para la seguridad y la salud en el trabajo.

c) La planificación de la actividad laboral.

d) La relación de accidentes de trabajo y enfermedades profesionales que hayan causado al trabajador una incapacidad laboral superior a un día de trabajo.

**14. El art. 29 de la LPRL establece las obligaciones de los trabajadores en materia de prevención de riesgos. De las siguientes no se considera una obligación del trabajador:**

a) Utilizar correctamente los medios y equipos de protección facilitados por el empresario, de acuerdo con las instrucciones recibidas de este.

b) Usar adecuadamente, de acuerdo con su naturaleza y los riesgos previsibles, las máquinas, aparatos, herramientas, sustancias peligrosas, equipos de transporte y, en general, cualesquiera otros medios con los que desarrollen su actividad.

c) Informar de inmediato a su superior jerárquico directo, y a los trabajadores designados para realizar las actualizaciones que consideren oportunas en el equipo de protección individual.

d) No poner fuera de funcionamiento y utilizar correctamente los dispositivos de seguridad existentes o que se instalen en los medios relacionados con su actividad o en los lugares de trabajo en los que esta tenga lugar.

**15. Podrán realizar el plan de prevención de riesgos laborales, la evaluación de riesgos y la planificación de la actividad preventiva de forma simplificada, en atención a la naturaleza y peligrosidad de las actividades realizadas, empresas cuyo número de trabajadores no exceda de:**

a) 30.
b) 50.
c) 80.
d) 100.

**16. Los instrumentos esenciales para la gestión y aplicación del Plan de prevención de riesgos laborales son:**

a) La evaluación de riesgos y la planificación de la actividad preventiva.
b) La evaluación inicial de riesgos y la formación.
c) La planificación y la gestión de la actividad preventiva.
d) La identificación y la evaluación de los riesgos.

**17. El posible cambio de puesto de trabajo con riesgo para una trabajadora embarazada:**

a) Deberá realizarse en caso de imposibilidad de adaptación del propio puesto.
b) Se hará previo informe en tal sentido del Servicio de Prevención.
c) Se determinará por el empresario, y dará información a los representantes de los trabajadores.
d) Se extenderá al período de lactancia.

**18. La prevención de riesgos laborales deberá integrarse en el sistema general de gestión de la empresa a través de:**

a) La política preventiva.
b) El plan de prevención.
c) El consenso de las partes.
d) El poder de decisión del empresario.

**19. El objeto y carácter de la norma de la Ley 31/95 de Prevención de Riesgos Laborales dice:**

a) La presente Ley tiene por objeto promover la salud de los trabajadores mediante la aplicación de medidas y el desarrollo de las actividades necesarias para la prevención de riesgos derivados del trabajo.

b) La presente Ley tiene por objeto promover la seguridad y la salud de los trabajadores mediante la aplicación de medidas y el desarrollo de las actividades necesarias para la prevención de riesgos derivados del trabajo.

c) La presente Ley tiene por objeto promover la seguridad de los trabajadores mediante la aplicación de medidas y el desarrollo de las actividades necesarias para la prevención de riesgos derivados del trabajo.

d) La presente Ley tiene por objeto promover la seguridad, la salud de los trabajadores y la negociación entre empresa y delegados de prevención, mediante la aplicación de medidas y el desarrollo de las actividades necesarias para la prevención de riesgos derivados del trabajo.

**20. ¿Cuándo se deben utilizar los equipos de protección individual?:**

a) Siempre.

b) Cuando los riesgos no hayan sido evaluados.

c) Cuando los riesgos no se puedan evitar o no puedan limitarse.

d) Cuando el trabajador lo estime oportuno.

En MADTEST tienes **más preguntas de este tema**, y todos tus avances quedan registrados y se reflejan en el ranking.

**¡Supera tus límites con MADTEST!**

# Solución al test n.º 1

**1.** d) Los delegados de prevención.

**2.** a) La posibilidad de que un trabajador sufra un determinado daño derivado del trabajo.

**3.** c) Conjunto de actividades o medidas adoptadas o previstas en todas las fases de actividad de la empresa con el fin de evitar o disminuir los riesgos derivados del trabajo.

**4.** b) La naturaleza de los agentes físicos, químicos y biológicos presentes en el ambiente de trabajo y sus correspondientes intensidades, concentraciones o niveles de presencia.

**5.** d) Ley 31/1995, de 8 de noviembre.

**6.** b) Evaluar los riesgos que se puedan evitar.

**7.** d) El delegado de personal.

**8.** b) 50 o más trabajadores.

**9.** b) Un proceso dirigido a estimar la magnitud de los riesgos que no hayan podido evitarse.

**10.** b) Comprobar que las empresas contratistas y subcontratistas concurrentes en su centro de trabajo han establecido los necesarios medios de coordinación entre ellas.

**11.** d) El órgano de representación de personal podrá acordar la paralización de la actividad.

**12.** c) Las enfermedades, patologías o lesiones sufridas con motivo u ocasión del trabajo.

**13.** c) La planificación de la actividad laboral.

**14.** c) Informar de inmediato a su superior jerárquico directo, y a los trabajadores designados para realizar las actualizaciones que consideren oportunas en el equipo de protección individual.

**15.** b) 50.

**16.** a) La evaluación de riesgos y la planificación de la actividad preventiva.

**17.** a) Deberá realizarse en caso de imposibilidad de adaptación del propio puesto.

**18.** b) El plan de prevención.

**19.** b) La presente Ley tiene por objeto promover la seguridad y la salud de los trabajadores mediante la aplicación de medidas y el desarrollo de las actividades necesarias para la prevención de riesgos derivados del trabajo.

**20.** c) Cuando los riesgos no se puedan evitar o no puedan limitarse.

# TEST N.º 2

**Funciones y competencias del Auxiliar de Enfermería en Atención Primaria y Atención Especializada. Coordinación entre niveles asistenciales. Concepto de cuidados, necesidades básicas y autocuidados. El hospital y los problemas psicosociales y de adaptación del paciente hospitalizado**

**1. Cuando en un sistema de atención a la salud hablamos de Atención Secundaria hacemos referencia:**

a) Al nivel más básico y elemental del sistema.
b) A un nivel no básico sino especializado.
c) A un nivel superespecializado del sistema.
d) Ninguna respuesta es correcta.

**2. Señale la respuesta incorrecta respecto al concepto de Atención Primaria:**

a) Constituye el primer nivel de acceso ordinario de la población al Sistema Sanitario Público, y se caracteriza por prestar atención integral a la salud.
b) En los servicios de Atención Primaria el usuario halla respuesta a sus problemas más habituales de salud y enfermedad, y sólo cuando el diagnóstico y tratamiento lo requieran y ya no pueda ser atendido con los medios de ese primer nivel, será derivado a la Atención Especializada.
c) La Atención Primaria se desarrolla al principio de la década de los sesenta, como una reacción en contra del sistema sanitario básicamente hospitalario y curativo, especializado, costoso, tecnificado, y alejado del individuo.
d) En los servicios de Atención Primaria el usuario halla respuesta a sus problemas más habituales de salud y enfermedad, y sólo cuando el diagnóstico y tratamiento lo requieran y ya no pueda ser atendido con los medios de ese primer nivel, será derivado a la Atención Especializada.

**3. ¿Dónde se realizó la Conferencia Internacional sobre Atención Primaria de Salud en la que se definió en su punto VI lo que debe entenderse por Atención Primaria?**

a) En Boston.
b) En Berlín.
c) En Kiev.
d) En Alma-Ata.

**4. ¿En qué fecha se hizo pública en Alma-Ata, capital de Kazajstán, antigua República Soviética, la Conferencia Internacional sobre Atención Primaria de Salud?**

a) El 12 de septiembre de 1978.
b) El 15 de octubre de 1978.
c) El 19 de noviembre de 1978.
d) El 2 de enero de 1980.

**5. Una de las características de la Atención Primaria de Salud:**

a) Los Ambulatorios y los Consultorios han venido a sustituir a los Centros de Salud.
b) Se han instaurado nuevos horarios y régimen de personal, ya no es necesario una dedicación exclusiva al sistema sanitario público por parte de los profesionales.
c) Surge una nueva sectorización del territorio, desaparecen las Zonas Básicas de Salud.
d) Se crean nuevos profesionales que se incorporan, tales como los Trabajadores Sociales, Odontólogos, Farmacéuticos y Veterinarios y los Técnicos de Salud Pública.

**6. Señale cuál de las siguientes no es una de las características de la Atención Primaria de Salud:**

a) Se establecen nuevos servicios como la cita previa programada, Historia Clínica familiar e individual, Consultas de Enfermería, Consultas del «niño sano», Servicios de Información al Usuario, etc.
b) Surge una nueva concepción de la asistencia sanitaria, individual y colectiva, en la que no sólo se curan individuos enfermos sino que se promociona la salud y se educan individuos sanos.
c) Desaparecen antiguas áreas asistenciales tales como Salud laboral, Salud Mental, Asistencia social, Enfermos crónicos, etc.
d) Se crea una nueva sectorización del territorio, las Zonas Básicas de Salud.

**7. Uno de los objetivos de la Atención Primaria de Salud es:**

a) La promoción de la salud, prevención de la enfermedad y asistencia curativa.
b) La educación sanitaria de la población.
c) La planificación, organización y dirección y evaluación de los servicios sanitarios.
d) Todas las respuestas son correctas.

**8. Uno de los objetivos de la Atención Primaria de Salud es:**

a) La integración de la actividad sanitaria asistencial y la preventiva.
b) La elevación del nivel de calidad del sistema de salud, y del grado de satisfacción de usuarios y profesionales.
c) El diagnóstico continuado de la salud de la Zona.
d) Todas las respuestas son correctas.

**9. ¿En qué se diferencia la Atención Especializada de la Atención Primaria?**

a) En que la Atención Especializada se presta en régimen ambulatorio y la Atención Primaria no.
b) En que la Atención Especializada se presta en régimen de urgencias y la Atención Primaria no.
c) En que sólo la Atención Especializada ofrece la asistencia en régimen de internamiento.
d) Todas las respuestas son correctas.

**10. ¿Cuál es la estructura física fundamental de la Atención Especializada?**

a) El Centro de Salud.
b) El Ambulatorio.
c) El Consultorio.
d) El Hospital.

**11. Uno de los objetivos de la Atención Especializada es:**

a) Prestar asistencia ambulatoria especializada.
b) Posibilitar la hospitalización de los pacientes que lo precisen.
c) Poner sus Centros e Instituciones a disposición de la investigación y docencia en materia de salud.
d) Todas las respuestas son correctas.

**12. ¿Cuál de las siguientes no es una ventaja de trabajar con un modelo de enfermería?**

a) La valoración se hace sobre la base de los signos y síntomas.
b) La atención prestada es integral.
c) Permite llevar a cabo todo el proceso de atención de enfermería.
d) La valoración se hace sobre la base de respuestas humanas.

**13. Se considera matriarca de la enfermería a:**

a) Virginia Henderson.
b) Nancy Roper.
c) Dorotea Orem.
d) Florence Nightingale.

**14. ¿Cuál de las siguientes autoras pertenece al modelo de relaciones interpersonales?**

a) Nancy Roper.
b) Callista Roy.
c) Orlando.
d) Virginia Henderson.

**15. ¿A qué modelo de enfermería pertenece Hildegarde Peplau?**

a) Modelos de sistemas.
b) Modelos de autocuidados.

c) Modelos interaccionistas.
d) Modelos naturistas.

**16. ¿Cuál de las siguientes son necesidades básicas del paciente, según Virginia Henderson?**

a) Realizar prácticas religiosas según la fe de cada uno.
b) Eludir los riesgos del entorno y evitar lesionar a otros.
c) Moverse y mantener la posición deseada.
d) Todas son correctas.

**17. La meta de Virginia Henderson es:**

a) La adaptación del paciente.
b) El máximo grado de crecimiento personal del paciente.
c) Identificar las necesidades del paciente.
d) La independencia del paciente.

**18. ¿Qué autora señala tres niveles en la relación enfermera-paciente?**

a) Virginia Henderson.
b) Travelbee.
c) Orlando.
d) Hildegarde Peplau.

**19. Según Dorotea Orem, la función de enfermería es:**

a) Apreciar las necesidades básicas humanas.
b) Facilitar atención para influir de alguna forma sobre el paciente con el fin de que este evolucione y llegue a conseguir un óptimo nivel de autocuidado.
c) Diagnosticar y tratar si la situación lo exige.
d) Ayudar a las personas sanas y enfermas.

**20. Según Dorotea Orem, el Sistema en el que enfermera y paciente realizan medidas de asistencia y otras actividades manipulativas o de deambulación, se denomina:**

a) Sistema de enfermería educativo.
b) Sistema de enfermería parcialmente compensador.
c) Sistema de enfermería totalmente compensador.
d) Sistema de apoyo.

En MADTEST tienes **más preguntas de este tema**, y todos tus avances quedan registrados y se reflejan en el ranking.

**¡Supera tus límites con MADTEST!**

# Solución al test n.º 2

**1.** b) A un nivel no básico sino especializado.

**2.** c) La Atención Primaria se desarrolla al principio de la década de los sesenta, como una reacción en contra del sistema sanitario básicamente hospitalario y curativo, especializado, costoso, tecnificado, y alejado del individuo.

**3.** d) En Alma-Ata.

**4.** a) El 12 de septiembre de 1978.

**5.** d) Se crean nuevos profesionales que se incorporan, tales como los Trabajadores Sociales, Odontólogos, Farmacéuticos y Veterinarios y los Técnicos de Salud Pública.

**6.** c) Desaparecen antiguas áreas asistenciales tales como Salud laboral, Salud Mental, Asistencia social, Enfermos crónicos, etc.

**7.** d) Todas las respuestas son correctas.

**8.** d) Todas las respuestas son correctas.

**9.** c) En que sólo la Atención Especializada ofrece la asistencia en régimen de internamiento.

**10.** d) El Hospital.

**11.** d) Todas las respuestas son correctas.

**12.** a) La valoración se hace sobre la base de los signos y síntomas.

**13.** d) Florence Nightingale.

**14.** c) Orlando.

**15.** c) Modelos interaccionistas.

**16.** d) Todas son correctas.

**17.** d) La independencia del paciente.

**18.** a) Virginia Henderson.

**19.** b) Facilitar atención para influir de alguna forma sobre el paciente con el fin de que este evolucione y llegue a conseguir un óptimo nivel de autocuidado.

**20.** b) Sistema de enfermería parcialmente compensador.

# TEST N.º 3

**Necesidades de higiene en el recién nacido y adulto: concepto. Higiene general y parcial. De la piel y capilar. Técnica de higiene del paciente encamado: total y parcial. Técnica de baño asistido**

**1. ¿Qué baño es aquel que, aun conservando la movilidad, el paciente no puede levantarse, por lo que él asume su higiene siendo auxiliado en caso necesario por la enfermera?**

a) Baño completo en la cama.
b) Baño en la cama.
c) Baño parcial.
d) Baño kinestésico.

**2. ¿Qué cuestión no se pretende con un correcto aseo del paciente?**

a) Conservar el buen estado de la piel, eliminando la suciedad, el mal olor y el sudor.
b) Cubrir parte de las necesidades de seguridad del paciente al prevenir la aparición de infecciones.
c) Refrescar al paciente, para que sienta sensación de confort y bienestar.
d) Evitar la necesidad de aseo en los genitales varias veces al día, debido a su efecto yatrogénico.

**3. ¿Qué elementos o materiales necesarios para el aseo del paciente son de lavado?**

a) Hule.
b) Manta de baño.
c) Esponjas y guantes.
d) Cuña.

**4. ¿Qué material de estos lo incluirías dentro de los elementos de protección respecto a la higiene de la piel?**

a) Ropa del enfermo.
b) Sábana pequeña.

c) Palangana.
d) Cuña.

**5. El lavado de cabellos del paciente debe realizarse aproximadamente:**

a) Todos los días.
b) Cada tres días.
c) Una vez a la semana.
d) Depende de la suciedad que este tenga.

**6. El orinal plano es un material o elemento de:**

a) Evacuación.
b) Protección.
c) Lavado.
d) Recambio.

**7. ¿Cuál debe ser la temperatura del agua para el baño, si se realiza la técnica del baño completo en la cama?**

a) 180 ºC.
b) 22-24 ºC.
c) 30-32 ºC.
d) 37-40 ºC.

**8. La zona del lavado de genitales externos del paciente se debe hacer con:**

a) Jabón líquido y agua.
b) Antiséptico no irritante y agua.
c) Antiséptico irritante y agua.
d) Antiséptico no irritante y jabón.

**9. ¿En qué posición debe colocarse al paciente para llevar a cabo la higiene del cabello?**

a) En posición de Trendelenburg.
b) En posición de Roser o Proetz.
c) En posición de Morestín.
d) En posición de Sims.

**10. ¿Qué afirmación es incorrecta del vestido y desvestido del enfermo?**

a) Al paciente hay que taparlo con una toalla o con la sábana a la hora de desnudarlo.
b) El camisón se retira por la cadera, hasta miembros inferiores, sacándolo por debajo de los pies.

c) El TCAE debe colocarse guantes para realizar este procedimiento.

d) La chaqueta del pijama se desabrocha y se saca primero un brazo y después el otro.

## 11. El baño del niño:

a) Se hará en días alternos, en horario regular y con una duración de 5 a 7 minutos.

b) Se hará cada 3 días, en horario regular y con una duración aproximada de 15 minutos.

c) Se hará a diario, en horario regular y con una duración de 5 a 7 minutos.

d) Se hará a diario, siendo su momento en el horario de la mañana regular y con una duración aproximada de 15 minutos.

## 12. Todo lo que se expone de la ropa hospitalaria infantil es cierto, excepto que:

a) Debe ser holgada y cómoda, que permita una adecuada movilidad al niño.

b) Su composición debe ser natural, evitando prendas sintéticas que perjudican la piel del niño.

c) Debe llevar botones como medio de ajuste, para que no se le caiga y pase frío.

d) Ha de ser fácil de poner y quitar.

## 13. Todo lo que se dice de la cuna del recién nacido es cierto excepto que:

a) Debe poseer balanceo, para dormir al niño.

b) Debe ser fija.

c) Debe poseer ruedas, para su potencial desplazamiento.

d) No debe contener mucha ropa.

## 14. ¿Cómo se debe proceder con los pacientes tetrapléjicos para realizar su higiene de la zona posterior?

a) Nunca deben levantarse.

b) Levantándolos en bloque.

c) En la posición de decúbito lateral derecho.

d) En la posición de decúbito lateral izquierdo.

## 15. ¿Qué debe vigilar el ATS/DUE durante la realización de la higiene del paciente asistido con ventilación artificial?

a) Su estado anímico.

b) Los sistemas y conexiones del respirador, así como los tubos y cánulas.

c) La frecuencia cardíaca y demás constantes vitales.

d) Nada de lo antes mencionado tiene interés.

## 16. ¿Cuál es el principal objetivo de la higiene corporal en pacientes enfermos?

a) Evitar que se sientan solos.

b) Eliminar olores desagradables solamente.

c) Permitir que la piel cumpla sus funciones y prevenir infecciones.
d) Disminuir el apetito.

**17. ¿Qué temperatura debe tener la habitación para el baño del paciente encamado?**

a) 18-20 ºC.
b) 20-21 ºC.
c) 22-24 ºC.
d) 25-28 ºC.

**18. ¿Cuál es el orden correcto para realizar el baño completo en cama?**

a) Espalda, piernas, genitales, cara.
b) Abdomen, cara, manos, genitales.
c) Cara, cuello, brazos, tórax, abdomen, piernas, espalda, genitales.
d) Genitales, piernas, espalda, cara.

**19. ¿Cuál es una de las funciones del baño en el paciente con fiebre?**

a) Elevar la temperatura corporal.
b) Disminuir la fiebre mediante agua fría.
c) Aumentar la sudoración.
d) Incrementar el metabolismo.

**20. ¿Qué acción debe evitarse para proteger la intimidad del paciente durante la higiene?**

a) Utilizar cortinas o biombos.
b) Cubrir siempre al paciente salvo la zona a lavar.
c) Higienizar todas las zonas a la vez para acabar antes.
d) Solicitar a las visitas que abandonen la habitación.

En MADTEST tienes **más preguntas de este tema**, y todos tus avances quedan registrados y se reflejan en el ranking.

**¡Supera tus límites con MADTEST!**

# Solución al test n.º 3

**1.** b) Baño en la cama.

**2.** d) Evitar la necesidad de aseo en los genitales varias veces al día, debido a su efecto yatrogénico.

**3.** c) Esponjas y guantes.

**4.** b) Sábana pequeña.

**5.** c) Una vez a la semana.

**6.** a) Evacuación.

**7.** d) 37-40 ºC.

**8.** a) Jabón líquido y agua.

**9.** b) En posición de Roser o Proetz.

**10.** b) El camisón se retira por la cadera, hasta miembros inferiores, sacándolo por debajo de los pies.

**11.** c) Se hará a diario, en horario regular y con una duración de 5 a 7 minutos.

**12.** c) Debe llevar botones como medio de ajuste, para que no se le caiga y pase frío.

**13.** a) Debe poseer balanceo, para dormir al niño.

**14.** b) Levantándolos en bloque.

**15.** b) Los sistemas y conexiones del respirador, así como los tubos y cánulas.

**16.** c) Permitir que la piel cumpla sus funciones y prevenir infecciones.

**17.** c) 22-24 ºC.

**18.** c) Cara, cuello, brazos, tórax, abdomen, piernas, espalda, genitales.

**19.** b) Disminuir la fiebre mediante agua fría.

**20.** c) Higienizar todas las zonas a la vez para acabar antes.

# TEST N.º 4

**Atención del Auxiliar de Enfermería al paciente encamado: posición anatómica y alineación corporal. Procedimientos de preparación de las camas. Cambios posturales. Drenajes: manipulación y cuidado. Técnicas de deambulación. Técnicas de traslado**

**1. La temperatura de las habitaciones del hospital debe oscilar entre:**

a) 16-18 ºC.
b) 20-22 ºC.
c) 26-28 ºC.
d) 30-32 ºC.

**2. ¿Qué mobiliario de la habitación del paciente no es imprescindible?**

a) Mesita de noche y armario.
b) Cama.
c) Sofá pequeño.
d) Silla y/o sillón.

**3. ¿En cuántos segmentos móviles se divide el somier metálico de la cama articulada?**

a) En 2.
b) En 3.
c) En 4.
d) No tiene divisiones.

**4. La cama articulada de somier rígido impide al paciente colocarlo en la posición de:**

a) Decúbito supino.
b) Decúbito prono.
c) Decúbito lateral.
d) Fowler.

**5. El marco triangular de Balkan lo posee la cama:**

a) Ortopédica de Judet.
b) Bouchat.
c) De levitación.
d) Electrocircular o de Striker.

**6. El denominado potro se emplea para:**

a) Encamar a quemados.
b) Exploración ginecológica.
c) Encamar a pacientes con UPP.
d) Encamar a enfermos con grandes traumatismos.

**7. El armazón para el volteo Foster se emplea:**

a) Para facilitar al paciente la respiración.
b) Para el cambio postural.
c) Evitar infecciones micóticas.
d) Para liberar de estrés al paciente.

**8. ¿De qué otra cama es variante la cama libro?**

a) De la cama de levitación.
b) De la cama de exploración o potro ginecológico.
c) De la cama articulada.
d) De la cama Striker.

**9. La cama roto-rest se emplea en:**

a) Prevención de infecciones en general.
b) Prevención de infecciones en quemados.
c) Inmovilización de pacientes.
d) Prevención de úlceras por presión (UPP).

**10. ¿Qué dispositivo o accesorio de la cama hospitalaria es aquel que se coloca sobre el enfermo para que la ropa de la cama descanse sobre él y evitar al paciente el peso de la misma?**

a) Férula de acero.
b) Centinelas de cama.
c) Pupitre.
d) Soporte.

**11. ¿Cómo se llama también la posición de antiTrendelenburg?**

a) La posición de litotomía.
b) La posición de Morestin.

c) La posición de Roser.
d) La posición de Sims.

**12. La posición mahometana es:**

a) La posición de litotomía.
b) La posición de Fowler.
c) La posición de Morestin.
d) La posición genupectoral.

**13. ¿Cuál de estas posiciones es quirúrgica?**

a) Posición de Fowler.
b) Posición de decúbito supino.
c) Posición de Morestin.
d) Posición de decúbito prono.

**14. ¿Cuál de estas posiciones consideras quirúrgica?**

a) Posición de Trendelenburg.
b) Posición de decúbito prono.
c) Posición de Fowler.
d) Posición de Sims.

**15. La posición de Kraske se emplea en:**

a) Pacientes que presenten problemas digestivos con reflujo gastrointestinal, hernias de hiato y enfermedades respiratorias.
b) Pacientes que presenten problemas cardíacos.
c) Cirugía coxígea.
d) Posición antishock.

**16. ¿Qué indicaciones son las más frecuentes de las muletas de aluminio?**

a) Esguinces.
b) Enfermos tetrapléjicos.
c) Enfermos parapléjicos.
d) Son ciertas las respuestas b) y c).

**17. ¿Cuál de estas ayudas es autoestable?**

a) Pasamanos.
b) Barras paralelas.
c) Bastones multipodales.
d) Ninguna de las anteriores.

**18. ¿Qué define la OMS como la consecuencia de cualquier acontecimiento que precipita al paciente al suelo en contra de su voluntad?**

a) Traumatismo.
b) Suicidio.
c) Caída.
d) Accidente.

**19. ¿Cómo se denominan los factores de riesgo de caídas que están relacionados con las condiciones generales del propio individuo?**

a) Constitucionales.
b) Extrínsecos.
c) Intrínsecos.
d) Precipitantes.

**20. ¿Qué es lo primero que hay que hacer ante la realidad de que la caída se ha producido?**

a) Evaluación de la misma.
b) Intervenir modificando los elementos desencadenantes.
c) Intervenir modificando los elementos precipitantes.
d) Realizar un croquis de las circunstancias.

En MADTEST tienes **más preguntas de este tema**, y todos tus avances quedan registrados y se reflejan en el ranking.

**¡Supera tus límites con MADTEST!**

# Solución al test n.º 4

**1.** b) 20-22 °C.

**2.** c) Sofá pequeño.

**3.** b) En 3.

**4.** d) Fowler.

**5.** a) Ortopédica de Judet.

**6.** b) Exploración ginecológica.

**7.** b) Para el cambio postural.

**8.** c) De la cama articulada.

**9.** b) Prevención de infecciones en quemados.

**10.** a) Férula de acero.

**11.** b) La posición de Morestin.

**12.** d) La posición genupectoral.

**13.** c) Posición de Morestin.

**14.** a) Posición de Trendelenburg.

**15.** c) Cirugía coxígea.

**16.** a) Esguinces.

**17.** c) Bastones multipodales.

**18.** c) Caída.

**19.** c) Intrínsecos.

**20.** a) Evaluación de la misma.

# TEST N.º 5

## Atención del Auxiliar de Enfermería en la preparación del paciente para la exploración: posiciones anatómicas y materiales médico-quirúrgicos de utilización más común. Atención pre y post operatoria

**1. ¿Cuál no consideras una razón para llevar a cabo una exploración médica?**

a) Reconocimiento laboral y diagnóstico de una enfermedad.
b) Rendimiento físico y examen de aptitudes para acceder a determinadas funciones.
c) Exámenes rutinarios de control.
d) Estar sano y no existir causa que lo justifique.

**2. ¿A qué grupos de personas se les realiza algún tipo de exploración médica, al entrar como candidatas de los programas de prevención y despistaje rápido de determinadas patologías?**

a) Grupos de personas candidatas.
b) Grupos de personas enfermas.
c) Grupos de personas susceptibles.
d) Grupos de personas de riesgo.

**3. ¿Qué tipo de exploración se realiza generalmente en la posición genupectoral?**

a) Exploraciones de recto.
b) Exploraciones de mamas.
c) Exploraciones de zona anterior del abdomen y de tórax.
d) Son ciertas las respuestas b) y c).

**4. ¿Qué útil se emplea para visualizar radiografías?**

a) Estetoscopio.
b) Fibroscopio.
c) Negatoscopio.
d) Oftalmoscopio.

**5. ¿Qué material de estos no se requiere para la exploración convencional médico-quirúrgica?**

a) Cucharilla de legrado uterino.
b) Diapasón.
c) Compresas.
d) Torunda de algodón.

**6. ¿Cómo se denomina aquella parte de la exploración física del paciente que consiste en la observación visual de las modificaciones o alteraciones que puedan apreciarse en la superficie corporal?**

a) Palpación.
b) Percusión.
c) Auscultación.
d) Inspección.

**7. ¿Qué procedimiento físico a nivel de exploración médica es aquel que consiste en la aplicación del oído sobre la superficie del cuerpo del paciente, para oír los ruidos fisiológicos o patológicos que se producen en el interior del mismo?**

a) Percusión.
b) Palpación.
c) Inspección.
d) Auscultación.

**8. ¿Qué exploración instrumental de estas es genérica?**

a) La realizada mediante oftalmoscopio.
b) La realizada mediante espirometría.
c) La realizada mediante radiología.
d) La realizada mediante otoscopio.

**9. ¿Qué exploración instrumental de estas es específica de un órgano, aparato o/y sistema?**

a) Ecografía.
b) TAC.
c) Espirometría.
d) Radiografía simple.

**10. ¿Cómo se denomina o qué acrónimo se emplea para designar a la exploración instrumental que consiste en el registro gráfico de la actividad bioeléctrica del corazón?**

a) EMG.
b) EEG.
c) EKG.
d) EPG.

**11. ¿A qué área del bloque quirúrgico pertenece el pasillo limpio y el almacén de material estéril?**

a) Al área estéril.
b) Al área sucia.
c) Al área de intercambio.
d) Al área limpia.

**12. ¿Qué zona de estas del bloque quirúrgico consideras que no es zona limitada?**

a) Los antequirófanos.
b) Los pasillos de limpio y sucio.
c) Las salas de intervenciones.
d) Los cuartos de lavado de manos prequirúrgico.

**13. ¿A qué grupo dentro del equipo quirúrgico pertenece el cirujano que va a realizar la intervención?**

a) Al grupo de miembros del equipo lavados limpios.
b) Al grupo de miembros del equipo lavados estériles.
c) Al grupo de miembros del equipo no estériles.
d) Al grupo de miembros del equipo no limpios.

**14. La mesa metálica provista de ruedas, donde se coloca el material de uso continuo para la intervención (bisturí, separadores, pinzas, tijeras, batas, guantes, etc.), se denomina:**

a) Mesa auxiliar.
b) Mesa mayo.
c) Cigüeña.
d) Todo lo anterior es cierto.

**15. ¿Qué personal del equipo quirúrgico se encarga de coordinar las actividades del personal complementario (laboratorio, radiología, médico y otros)?**

a) El auxiliar de enfermería.
b) La enfermera instrumentista.
c) La enfermera circulante.
d) El cirujano ayudante.

**16. ¿Cómo se denomina la anestesia que consiste en aplicar la inyección de un anestésico local en el espacio adyacente a la duramadre?**

a) Anestesia general.
b) Anestesia raquídea.
c) Anestesia epidural.
d) Anestesia interductal.

**17. La deambulación posoperatoria temprana debe llevarse a cabo tras la intervención entre:**

a) 4-8 horas.
b) 8-12 horas.
c) 24-48 horas.
d) 72-96 horas.

**18. Una intervención de tipo paliativo es aquella:**

a) Que fortalece las zonas debilitadas, o pretende volver a unir zonas anatómicas que se encuentran separadas o tiene por objeto corregir deformidades.
b) Que alivia los síntomas de un determinado proceso, sin curar la enfermedad.
c) Que se utiliza para determinar la causa de los síntomas.
d) Que busca mejorar el aspecto físico.

**19. ¿Qué función poseerá la intervención quirúrgica que persiga determinar la causa o causas de los síntomas de un proceso morboso?**

a) Intervención ablativa.
b) Intervención paliativa.
c) Intervención reparadora.
d) Intervención diagnóstica.

**20. ¿Cómo se denomina al período de tiempo que transcurre desde que un paciente va a ser intervenido hasta que es dado de alta en el hospital?**

a) Período preoperatorio.
b) Período transoperatorio.
c) Período perioperatorio.
d) Período posoperatorio.

# Solución al test n.º 5

**1.** d) Estar sano y no existir causa que lo justifique.

**2.** d) Grupos de personas de riesgo.

**3.** a) Exploraciones de recto.

**4.** c) Negatoscopio.

**5.** a) Cucharilla de legrado uterino.

**6.** d) Inspección.

**7.** d) Auscultación.

**8.** c) La realizada mediante radiología.

**9.** c) Espirometría.

**10.** c) EKG.

**11.** d) Al área limpia.

**12.** b) Los pasillos de limpio y sucio.

**13.** b) Al grupo de miembros del equipo lavados estériles.

**14.** d) Todo lo anterior es cierto.

**15.** c) La enfermera circulante.

**16.** c) Anestesia epidural.

**17.** c) 24-48 horas.

**18.** b) Que alivia los síntomas de un determinado proceso, sin curar la enfermedad.

**19.** d) Intervención diagnóstica.

**20.** c) Período perioperatorio.

## Constantes vitales: concepto. Procedimiento de toma de constantes vitales. Gráficas y balance hídrico

**1. ¿En la toma de qué constante vital no hay que avisar al enfermo acerca de lo que se le va a hacer?**

a) Temperatura.
b) Pulso.
c) Respiración.
d) Tensión arterial.

**2. ¿Qué afirmación es incorrecta de las acciones a seguir por el TCAE, cuando se observa alguna cuestión fuera de lo normal en la toma de constantes vitales?**

a) Nunca debe dejar registrado su nombre en la hoja de incidencias de enfermería pero siempre el del paciente.
b) Debe dejar constancia por escrito en la hoja de incidencias de enfermería de todo aquello que sea considerado como fuera de lo normal.
c) Debe informar objetivamente al enfermero/a responsable del paciente de todo aquello que sea considerado como fuera de lo normal.
d) Debe dejar por escrito en la hoja de incidencias de enfermería la hora a la que se ha realizado la observación y el día que ha ocurrido, así como cuál ha sido su actuación ante aquello considerado como fuera de lo normal.

**3. En el área de pediatría y urgencias en hospitales se está implantando el termómetro de:**

a) Columna de mercurio.
b) Columna de galio.
c) Cristal de mercurio.
d) Sensor timpánico.

**4. La temperatura bucal se puede tomar en:**

a) Niños menores de 6 años.
b) Pacientes en coma.

c) Pacientes con agitación psicomotriz.
d) Niños mayores de 6 años.

**5. Existe taquicardia por encima de:**

a) 75 pulsaciones/minuto.
b) 85 pulsaciones/minuto.
c) 95 pulsaciones/minuto.
d) 100 pulsaciones/minuto.

**6. ¿Cómo se denomina aquel pulso que se percibe con facilidad y que produce gran amplitud en el vaso que se palpa?**

a) Fuerte.
b) Pleno.
c) Rebotante.
d) Filiforme.

**7. El pulso central o apical se toma:**

a) En la punta del corazón.
b) En la zona central del muslo.
c) En el cuello (es sinónimo del yugular).
d) En la zona central del brazo.

**8. ¿Cuál de estas consideras una razón sustancial y etiopatogénica para tomar el pulso?**

a) Para valorar la frecuencia, el ritmo, el volumen y la tensión del pulso, que pueden reflejar un problema general.
b) Para identificar a un sujeto.
c) Para valorar el estado de salud del sujeto.
d) Para conocer la edad del individuo.

**9. ¿Cuál de estas es considerada una posición adecuada para tomar el pulso?**

a) Posición de bipedestación.
b) Posición de sentado.
c) Posición de decúbito prono.
d) Son válidas las respuestas a) y b).

**10. La ausencia de respiración se denomina:**

a) Apnea.
b) Hipernea.

c) Ortopnea.
d) Ripnea.

**11. La serie de respiraciones irregulares en profundidad, interrumpidas por intervalos de apnea se denomina respiración de:**

a) Biot.
b) Bouchut.
c) Kussmaul.
d) Cheyne-Stokes.

**12. ¿En qué tipo de gráficas existe un apartado también para la medicación?**

a) En Gráficas mensuales.
b) En Gráficas semanales.
c) En Gráficas ordinarias.
d) En Gráficas especiales.

**13. En ausencia de patología, en el ritmo respiratorio normal la fase inspiratoria es más corta que la espiratoria en una proporción:**

a) 2:1.
b) 3:1.
c) 4:1.
d) 5:1.

**14. En un adulto joven y sano la presión sistólica es de:**

a) 180 mmHg.
b) 155 mmHg.
c) 130 mmHg.
d) 100 mmHg.

**15. La temperatura ambiente a la hora de tomar la tensión arterial debe estar sobre los:**

a) 10 ºC.
b) 22 ºC.
c) 30 ºC.
d) 35 ºC.

**16. La hipotensión postural se denomina también:**

a) Idiopática.
b) Esencial.
c) Ortostática.
d) Paradójica.

**17. Los valores normales para la vena cava de PVC es de:**

a) 0 y 4 cm de $H_2O$.
b) 2 y 6 cm de $H_2O$.
c) 6 y 12 cm de $H_2O$.
d) 14 a 20 cm de $H_2O$.

**18. ¿Cuál es el componte más importante del cuerpo humano?**

a) El sodio.
b) El postasio.
c) El agua.
d) La sal.

**19. El espacio situado entre las células se denomina espacio:**

a) Extracelular.
b) Intracelular.
c) Intersticial.
d) Intravascular.

**20. ¿Cuál es el catión más abundante en el espacio intracelular?**

a) Sodio.
b) Hidrógeno.
c) Potasio.
d) Cloruro.

En MADTEST tienes **más preguntas de este tema**, y todos tus avances quedan registrados y se reflejan en el ranking.

**¡Supera tus límites con MADTEST!**

# Solución al test n.º 6

**1.** c) Respiración.

**2.** a) Nunca debe dejar registrado su nombre en la hoja de incidencias de enfermería pero siempre el del paciente.

**3.** d) Sensor timpánico.

**4.** d) Niños mayores de 6 años.

**5.** d) 100 pulsaciones/minuto.

**6.** b) Pleno.

**7.** a) En la punta del corazón.

**8.** a) Para valorar la frecuencia, el ritmo, el volumen y la tensión del pulso, que pueden reflejar un problema general.

**9.** b) Posición de sentado.

**10.** a) Apnea.

**11.** a) Biot.

**12.** d) En Gráficas especiales.

**13.** b) 3:1.

**14.** c) 130 mmHg.

**15.** b) 22 ºC.

**16.** c) Ortostática.

**17.** c) 6 y 12 cm de $H_2O$.

**18.** c) El agua.

**19.** c) Intersticial.

**20.** c) Potasio.

# TEST N.º 7

## Vigilancia del enfermo: estado de conciencia, observación de la piel, temperatura, respiración

**1. Son fuentes de recogida de datos:**

a) El propio individuo.
b) Familia del paciente.
c) Historia Clínica.
d) Todas son correctas.

**2. ¿Cuál de los siguientes es un dato subjetivo?**

a) Frecuencia cardiaca.
b) El paciente dice que se siente mal.
c) Diuresis horaria.
d) Temperatura.

**3. ¿Cuál de los siguientes es un método de obtención de datos?**

a) Planificación.
b) Actividades directas.
c) Observación.
d) Actividades individualizadas.

**4. ¿Cuál es el mejor método para obtener datos?**

a) Entrevista.
b) Examen físico.
c) Observación.
d) Escucha activa.

**5. ¿Cuál de las siguientes es una técnica no verbal?**

a) Reducir las barreras.
b) Reconducción.

c) Validación.
d) Clarificación.

**6. La técnica que consiste en repetir lo mismo que el paciente dice se denomina:**

a) Repetición.
b) Clarificación.
c) Validación.
d) Paráfrasis.

**7. En un examen físico, se revisará:**

a) Respuesta motora al dolor.
b) Pulsos periféricos.
c) Ritmo respiratorio.
d) Todas son correctas.

**8. De las siguientes, ¿cuáles no corresponden a características del buen entrevistador?**

a) Calidez y concreción.
b) Empatía y calidez.
c) Respeto y concreción.
d) Alta reactividad.

**9. El VIII par craneal es:**

a) El hipogloso.
b) El espinal.
c) El auditivo.
d) El trigémino.

**10. ¿Cómo se llama la inamación de los tejidos blandos que rodean las uñas?**

a) Uña encarnada.
b) Onicolisis.
c) Onicomicosis.
d) Panadizo.

**11. ¿Cuál de las siguientes opciones se incluyen tradicionalmente entre los niveles de alteración de la conciencia?**

a) Letárgico.
b) Alerta.
c) Estuporoso.
d) Todas son ciertas.

**12. Un paciente con respuestas verbales lentas e incoherentes, que atiende momentáneamente sólo a estímulos muy vigorosos, se dice que está:**

a) Dormido.
b) Comatoso.
c) Estuporoso.
d) En shock.

**13. La denominada escala de Glasgow sirve para:**

a) Medir el exceso de tejido graso en la zona supraescapular.
b) Medir los niveles de conciencia.
c) Medir la velocidad de los reflejos motores.
d) Calibrar el daño ocular en los enfermos diabéticos.

**14. La escala de Glasgow mide tres parámetros que son:**

a) Respuesta verbal.
b) Apertura de ojos.
c) Respuesta motora.
d) Todas son ciertas.

**15. El aumento de la frecuencia y profundidad de las respiraciones, sin pausas entre cada ciclo, asemejando a suspiros, se denomina:**

a) Respiración de Kussmaul.
b) Respiración apnéusica.
c) Respiración de Cheyne Stokes.
d) Respiración de Biót.

**16. Señale la respuesta falsa en relación con la técnica de percusión en el paciente respiratorio.**

a) El ruido "claro" que se obtiene en la percusión torácica normal se debe a la presencia de aire en el interior del tórax.
b) Un aumento del contenido gaseoso nos dará una percusión timpánica.
c) La percusión sobre una víscera o sobre masa sólida nos dará un ruido mate.
d) Ante un derrame pleural obtendremos una percusión timpánica.

**17. El ruido pulmonar llamado "Roncus":**

a) Indica la fricción entre ambas hojas pleurales.
b) Es el ruido respiratorio que se produce cuando existe una apnea nocturna muy larga.
c) Se produce cuando existen secreciones en las vías aéreas mayores.
d) Todas las respuestas anteriores son falsas.

**18. Señale la afirmación correcta en relación con el ritmo respiratorio normal:**

a) La fase inspiratoria es más larga que la espiratoria.
b) La fase inspiratoria es más corta que la espiratoria.
c) Ambas fases son iguales.
d) Todas son falsas.

**19. La ortopnea es la disnea que se manifiesta en:**

a) Bipedestación.
b) Decúbito.
c) Sedestación.
d) La marcha.

**20. En la valoración del ritmo respiratorio ¿cómo se denomina aquel ritmo que se caracteriza por una fase inspiratoria de gran amplitud y ruidosa seguida de una breve pausa y de una fase espiratoria breve?**

a) Ritmo de Cheyne-Stokes.
b) Ritmo Kussmaul.
c) Ritmo Biot.
d) Respiración de Ondina.

En MADTEST tienes **más preguntas de este tema**, y todos tus avances quedan registrados y se reflejan en el ranking.

**¡Supera tus límites con MADTEST!**

# Solución al test n.º 7

**1.** d) Todas son correctas.

**2.** b) El paciente dice que se siente mal.

**3.** c) Observación.

**4.** a) Entrevista.

**5.** a) Reducir las barreras.

**6.** d) Paráfrasis.

**7.** d) Todas son correctas.

**8.** d) Alta reactividad.

**9.** c) El auditivo.

**10.** d) Panadizo.

**11.** d) Todas son ciertas.

**12.** c) Estuporoso.

**13.** b) Medir los niveles de conciencia.

**14.** d) Todas son ciertas.

**15.** a) Respiración de Kussmaul.

**16.** d) Ante un derrame pleural obtendremos una percusión timpánica.

**17.** c) Se produce cuando existen secreciones en las vías aéreas mayores.

**18.** b) La fase inspiratoria es más corta que la espiratoria.

**19.** b) Decúbito.

**20.** b) Ritmo Kussmaul.

# TEST N.º 8

**Atención del Auxiliar de Enfermería en las necesidades de eliminación: generalidades. Recogida de muestras: tipos, manipulación, características y alteraciones. Sondajes, ostomías, enemas: tipos, manipulación y cuidados**

**1. ¿Qué huesos de la cabeza intervienen en la formación del paladar duro?**

a) Palatinos y maxilares.
b) Cigomáticos y maxilares.
c) Cigomáticos y palatinos.
d) Unguis y palatinos.

**2. ¿Qué papilas linguales de estas no son gustativas?**

a) Caliciformes.
b) Filiformes.
c) Fungiformes.
d) Todas son gustativas.

**3. ¿Qué músculo forma el esfínter esofágico superior?**

a) El músculo hioideofaríngeo.
b) El músculo tirocricoideo.
c) El músculo cricofaríngeo.
d) Ninguno de los anteriores.

**4. ¿Cuál es el conducto de salida de la saliva a la boca de las glándulas parótidas?**

a) Conducto de Stenon.
b) Conducto de Warton.
c) Conducto de Rivinus.
d) Conducto de Walter.

**5. Sinónimo de ptialismo es:**

a) Sialonco.
b) Sialorrea.
c) Sialosquesis.
d) Sialodoquitis.

**6. El peso del hígado (en gramos) de un adulto está en torno a los:**

a) 950.
b) 1200.
c) 1500.
d) 2500.

**7. ¿Cuál es la víscera más voluminosa de nuestro cuerpo?**

a) Páncreas.
b) Hígado.
c) Estómago.
d) Tiroides.

**8. ¿Cómo se denomina el paso del bolo de faringe a esófago?**

a) Tragación.
b) Masticación.
c) Maceración.
d) Deglución.

**9. ¿En qué zona del intestino delgado se absorbe más sodio?**

a) En el duodeno.
b) En el íleon.
c) En el yeyuno.
d) En el ciego.

**10. Las pequeñas hemorragias en un estoma se producen:**

a) Por déficit de vitamina K.
b) Por déficit de hierro.
c) Por infecciones recidivantes del estoma y poca higiene local del mismo.
d) Por pequeños traumatismos al limpiar el estoma.

**11. ¿Qué tipo de incontinencia urinaria es la más frecuente?**

a) Incontinencia de esfuerzo o estrés.
b) Incontinencia de urgencia.

c) Incontinencia neurológica.
d) Incontinencia paradójica.

## 12. ¿Qué cálculos cálcicos son los más frecuentes en las litiasis renales?

a) Cálculos de cistina.
b) Cálculos de uratos.
c) Cálculos de oxalatos.
d) Cálculos de xantina.

## 13. ¿Cómo se denomina la segunda fase de una insuficiencia renal aguda?

a) Oligúrica.
b) Anúrica.
c) Diurética.
d) De recuperación.

## 14. La cantidad de orina que permanece en la vejiga después de evacuar se denomina:

a) Diuresis residual.
b) Orina de almacenamiento vesical.
c) Orina residual.
d) Orina retenida.

## 15. Las sondas vesicales de lavado continuo son las sondas de:

a) Malecot.
b) Pezzet.
c) Foley.
d) Robinson.

## 16. Las sondas vesicales a nivel de calibre se numeran de dos en dos, yendo sus valores, las pequeñas desde un valor par menor y las grandes de un valor par mayor, que son de:

a) 4 a 12.
b) 6 a 16.
c) 6 a 24.
d) 12 a 28.

## 17. Las sondas de Foley son:

a) Blandas.
b) Duras.
c) Rígidas.
d) Semirrígidas.

**18. ¿Qué cantidad de agua destilada (en cc) hay que meter en el balón del que va provisto la sonda vesical en su extremo distal, una vez se ha introducido el catéter en la vejiga del varón?**

a) 1.
b) 5.
c) 10.
d) 20.

**19. ¿Qué mecanismo emplean los riñones para limpiar la sangre de sustancias de desechos?**

a) Difusión simple.
b) Precipitación.
c) Reabsorción.
d) Filtración glomerular.

**20. El compuesto mayoritario de la orina es:**

a) Urea.
b) Creatinina.
c) Oxalatos.
d) Agua.

En MADTEST tienes **más preguntas de este tema**, y todos tus avances quedan registrados y se reflejan en el ranking.

**¡Supera tus límites con MADTEST!**

# Solución al test n.º 8

**1.** a) Palatinos y maxilares.

**2.** d) Todas son gustativas.

**3.** c) El músculo cricofaríngeo.

**4.** a) Conducto de Stenon.

**5.** b) Sialorrea.

**6.** c) 1500.

**7.** b) Hígado.

**8.** d) Deglución.

**9.** c) En el yeyuno.

**10.** d) Por pequeños traumatismos al limpiar el estoma.

**11.** a) Incontinencia de esfuerzo o estrés.

**12.** c) Cálculos de oxalatos.

**13.** c) Diurética.

**14.** c) Orina residual.

**15.** c) Foley.

**16.** c) 6 a 24.

**17.** a) Blandas.

**18.** c) 10.

**19.** d) Filtración glomerular.

**20.** d) Agua.

# TEST N.º 9

**Procedimientos de recogida y transporte de muestras biológicas. Gestión de residuos sanitarios: clasificación, transporte, eliminación y tratamiento**

**1. ¿Qué tipo de envase se emplea para recoger la muestra resultante de una punción capilar?**

a) Frascos de boca estrecha.
b) Hisopos.
c) Frascos de llenado por vacío.
d) Microtubos.

**2. ¿Qué procedimiento de toma de muestra se emplea más habitualmente cuando estas se llevan a cabo tanto en orificios naturales como en heridas?**

a) Mediante frasco de boca ancha.
b) Mediante hisopo.
c) Mediante bolsa de recogida de orina o análogo.
d) Mediante frasco de boca estrecha.

**3. ¿Qué medio evita la desecación y muerte de los microorganismos recogidos con un hisopo estéril?**

a) El medio de Schwann.
b) El medio de Petri.
c) El medio de Stuart.
d) El medio de Lindor.

**4. ¿Qué se puede hacer para evitar una excesiva proliferación bacteriana en una toma de muestra y que así no se altere sustancialmente su resultado analítico?**

a) Realizarla con premura, ya que no admite demora.
b) Refrigerando la muestra en los casos necesarios.
c) No se suele hacer nada en particular.
d) Son ciertas las respuestas a) y b).

**5. ¿Qué se debe identificar y comprobar antes de los procedimientos de toma de muestra?**

a) Usuario al que se le van a realizar los procedimientos.
b) Impresos y protocolos de petición analítica.
c) Requerimientos y preparación previa del paciente.
d) Todo lo anterior.

**6. En la fase preanalítica de la muestra de sangre, se da hemodilución si coexiste:**

a) Hipovolemia y oligosistemia.
b) Hipovolemia e hipersistemia.
c) Hipervolemia y oligosistemia.
d) Hipervolemia e hipersistemia.

**7. Generalmente un hemocultivo se acompaña de:**

a) Urocultivo.
b) Coprocultivo.
c) Antibiograma.
d) Todo lo anterior.

**8 ¿Qué aditivos poseen las muestras biológicas sanguíneas en las que el tubo posee tapón azul?**

a) Gel.
b) Citrato de sodio.
c) Oxalato potásico.
d) ACD.

**9. El personal que realiza la técnica de extracción de sangre venosa es:**

a) El facultativo.
b) El hematólogo.
c) El diplomado de enfermería.
d) El auxiliar de enfermería.

**10. ¿Qué anticoagulante se emplea más habitualmente en los útiles y frascos empleados para las tomas de muestras sanguíneas, esencialmente empleadas en gasometría arterial?**

a) Heparina.
b) Penicilina.
c) Metotrexate.
d) Clorhídrico.

**11. ¿A qué puede deberse la presencia de una orina de coloración negra o marrón oscura en una muestra?**

a) A sangre oculta.
b) A metahemoglobina o melanina o enfermo alcaptonúrico.
c) A carboxihemoglobina o melatonina o enfermo de patología de Harnup.
d) A oxihemoglobina o melatonina.

**12. ¿Cómo se denomina el estudio microbiológico de heces mediante cultivo?**

a) Hemocultivo.
b) Urocultivo.
c) Coprocultivo.
d) Cultivo de Hiss.

**13. ¿Qué no debe tomarse o comer durante días previos a un estudio de sangre oculta en heces para realizar adecuadamente el procedimiento de toma de muestra de la misma?**

a) Aspirina.
b) Alimentos picantes.
c) Tomates y rábanos.
d) No debe tomarse nada de lo anterior.

**14. Respecto a la toma de muestra de esputos todo lo que se expone es cierto, excepto que:**

a) Se puede evitar la contaminación de la muestra recomendando al enfermo que se lave la boca con solución salina o agua templada antes de proceder a la recogida.
b) Se puede evitar la contaminación de la muestra tomando antiséptico justo antes de la toma de muestra.
c) La toma de muestra posee gran facilidad de contaminación por la flora orofaríngea.
d) Si es difícil conseguir que el enfermo expectore, se le puede ayudar colocándole en la posición más adecuada para el drenaje.

**15. ¿Qué forma es la más correcta de obtener la muestra en heridas con exudados y pus, para su posterior estudio?**

a) Mediante gasas hipoalérgicas.
b) Mediante parches adhesivos.
c) Mediante aspirado con aquja y jeringa.
d) Mediante escopia cutánea.

**16. ¿En qué circunstancias la presión del LCR estará disminuida?**

a) Infarto cerebral.
b) Tumor o quiste intracraneal.
c) Deshidratación.
d) Hematoma subdural.

**17. ¿Qué procedimiento se llevará a cabo en la toma de muestra de secreciones de senos paranasales?**

a) Mediante hisopo.
b) Mediante torunda.
c) Mediante punción del seno.
d) Mediante aspirado transtraqueal.

**18. ¿Cuál de las siguientes infecciones ocasionará residuos contaminados específicos grupo III con secreciones respiratorias de pacientes con infecciones de transmisión aérea?**

a) Rabia.
b) Fiebre Q.
c) Ántrax inhalado.
d) Muermo.

**19. ¿A quién corresponde en la Comunidad Autónoma Canaria asegurar la recogida, transporte y eliminación de los residuos de los grupos I y II y los del grupo III una vez que han sido sometidos a tratamiento?**

a) A la Consejería competente en materia de sanidad.
b) Al Gobierno Central.
c) Al Gobierno Canario.
d) A la Administración local.

**20. La documentación relativa al control y seguimiento de residuos peligrosos debe ser guardada por el gestor por un periodo no inferior a:**

a) Cinco años.
b) Tres años.
c) Tres días.
d) 48 horas.

En MADTEST tienes **más preguntas de este tema**, y todos tus avances quedan registrados y se reflejan en el ranking.

**¡Supera tus límites con MADTEST!**

# Solución al test n.º 9

**1.** d) Microtubos.

**2.** b) Mediante hisopo.

**3.** c) El medio de Stuart.

**4.** d) Son ciertas las respuestas a) y b).

**5.** d) Todo lo anterior.

**6.** c) Hipervolemia y oligosistemia.

**7.** c) Antibiograma.

**8.** b) Citrato de sodio.

**9.** c) El diplomado de enfermería.

**10.** a) Heparina.

**11.** b) A metahemoglobina o melanina o enfermo alcaptonúrico.

**12.** c) Coprocultivo.

**13.** d) No debe tomarse nada de lo anterior.

**14.** b) Se puede evitar la contaminación de la muestra tomando antiséptico justo antes de la toma de muestra.

**15.** c) Mediante aspirado con aguja y jeringa.

**16.** c) Deshidratación.

**17.** c) Mediante punción del seno.

**18.** b) Fiebre Q.

**19.** d) A la Administración local.

**20.** a) Cinco años.

# TEST N.º 10

**Los alimentos: clasificación, higiene y manipulación. Alimentación del lactante. Dietas terapéuticas: concepto y tipos. Vías de alimentación enteral y parenteral: concepto y técnicas de apoyo. Administración de alimentos por sonda nasogástrica**

**1. ¿A qué se denomina la forma y manera de proporcionar al organismo los alimentos que le son indispensables?**

a) Nutrición.
b) Alimentación.
c) Metabolismo.
d) Asimilación.

**2. ¿Cómo se denominan los alimentos que están destinados fundamentalmente a la formación y renovación de los tejidos humanos, tanto en la fase de construcción o crecimiento como en la renovación de tejidos en los adultos?**

a) Energéticos.
b) Vitamínicos.
c) Plásticos.
d) Reguladores.

**3. ¿Qué alimentos son aquellos cuya composición principal son las proteínas y el calcio?**

a) Alimentos reguladores.
b) Alimentos biocatalizadores.
c) Alimentos energéticos.
d) Alimentos plásticos.

**4. Las frutas pertenecen en la nueva rueda de alimentos al grupo:**

a) VI.
b) V.

c) IV.
d) III.

**5. La base de la pirámide de alimentación saludable está compuesta de:**

a) Recomendaciones de estilos de vida saludable (equilibrio emocional, actividad física diaria, ingesta adecuada de agua…).
b) Tomar alimentos de la dieta mediterránea.
c) Alimentos de consumo opcional y moderado.
d) Alimentos de consumo variado y diario.

**6. La ingesta adecuada de agua diaria está en torno a los:**

a) 1,5 litros.
b) 2 litros.
c) 2,5 litros.
d) 3,5 litros.

**7. La regla de las tres erres, también conocida como 3R se aplican a la alimentación:**

a) Variable.
b) Opcional.
c) Sostenible.
d) Saludable.

**8. ¿Quién pone directamente en marcha y desarrolla la estrategia NAOS?**

a) La Sociedad Española de Nutrición Comunitaria (SENC).
b) La Agencia Española de Seguridad Alimentaria y Nutrición (AESAN).
c) La Secretaría de Estado de Consejos dietéticos, mediante el programa EDALNU del Ministerio de Sanidad.
d) El Ministerio de Innovación, Desarrollo e Industria.

**9. ¿Qué carne de estas consideras con más grasa?**

a) La carne de cordero.
b) La carne de ternera.
c) La carne de conejo.
d) La carne de caballo.

**10. ¿Cuál es la unidad de energía tradicionalmente empleada en nutrición y que sigue usándose con carácter generalizado?**

a) El julio (J).
b) La Caloría grande (Cal).

c) El grado centígrado (ºC).
d) El ergio (erg).

**11. Empleando la fórmula de Harris y Benedict del metabolismo basal diremos que un varón de 35 kg de peso, 1,40 m de talla y 11 años de edad, será aproximadamente de:**

a) 700.
b) 850.
c) 1100.
d) 2100.

**12. ¿Qué factor se estos es el que más influye en la multiplicación de microorganismos?**

a) Las calorías de los alimentos.
b) La temperatura del medio.
c) La presión atmosférica.
d) La presencia o no de otros gérmenes.

**13. ¿Qué agentes bióticos de los siguientes son mas productores de toxiinfecciones alimentarias?**

a) Hongos.
b) Bacterias.
c) Protozoos.
d) Parásitos.

**14. ¿Cuál es la fuente más importante de contaminación de intoxicaciones químicas de origen alimentario de forma directa sobre frutas y verduras que ingerimos, o indirecta tras la ingesta de lo anterior de animales?**

a) El estiércol de origen animal.
b) Los mercuriales.
c) Los insecticidas.
d) El riego con agua contaminada.

**15. ¿Qué aminoácido es esencial?**

a) Prolina.
b) Cisteína.
c) Triptófano.
d) Alanina.

**16. ¿Qué principios inmediatos son sustancias energéticas?**

a) Grasas.
b) Grasas y proteínas.

c) Azúcares y proteínas.
d) Grasas y azúcares.

**17. ¿Cuál de estos nutrientes se considera micronutriente (imprescindibles en pequeñas cantidades)?**

a) Vitaminas.
b) Azúcares.
c) Proteínas.
d) Grasas.

**18. El retinol es un constituyente de la vitamina:**

a) Vitamina A.
b) Vitamina $B_2$.
c) Vitamina C.
d) Vitamina D.

**19. ¿Con qué término se corresponde esta definición: «la técnica y el arte de utilizar los alimentos de la forma adecuada, partiendo del conocimiento profundo del organismo humano y de los alimentos, para proponer y promover formas de alimentación, variada, suficiente y equilibrada»?**

a) Dietoterapia.
b) Nutrición.
c) Bromatología.
d) Dietética.

**20. Un IMC (índice de Masa Corporal) de 27, según Garrow, estaría en el grado de obesidad:**

a) No obesidad.
b) Leve.
c) Moderada.
d) Grave.

En MADTEST tienes **más preguntas de este tema**, y todos tus avances quedan registrados y se reflejan en el ranking.

**¡Supera tus límites con MADTEST!**

# Solución al test n.º 10

**1.** b) Alimentación.

**2.** c) Plásticos.

**3.** d) Alimentos plásticos.

**4.** a) VI.

**5.** a) Recomendaciones de estilos de vida saludable (equilibrio emocional, actividad física diaria, ingesta adecuada de agua…).

**6.** c) 2,5 litros.

**7.** c) Sostenible.

**8.** b) La Agencia Española de Seguridad Alimentaria y Nutrición (AESAN).

**9.** a) La carne de cordero.

**10.** b) La Caloría grande (Cal).

**11.** c) 1100.

**12.** b) La temperatura del medio.

**13.** b) Bacterias.

**14.** c) Los insecticidas.

**15.** c) Triptófano.

**16.** d) Grasas y azúcares.

**17.** a) Vitaminas.

**18.** a) Vitamina A.

**19.** d) Dietética.

**20.** b) Leve.

# TEST N.º 11

**Vías de administración de los medicamentos: oral, rectal y tópica. Precauciones para su administración. Condiciones de almacenamiento y conservación. Caducidades**

**1. Toda sustancia empleada en la fabricación de un medicamento, ya permanezca inalterada, se modifique o desaparezca en el transcurso del proceso, se llama:**

a) Excipiente.
b) Coadyuvante.
c) Materia prima.
d) Principio activo.

**2. ¿Cómo se denomina todo medicamento que tenga la misma composición cualitativa y cuantitativa en principios activos y la misma forma farmacéutica, y cuya bioequivalencia con el medicamento de referencia haya sido demostrada por estudios adecuados de biodisponibilidad?**

a) Medicamento especial.
b) Medicamento magistral.
c) Medicamento de investigación.
d) Medicamento genérico.

**3. ¿Cómo se consideran las «premezclas para piensos medicamentosos» elaboradas para ser incorporadas a un pienso?**

a) Medicamentos de uso humano.
b) Medicamentos de uso veterinario.
c) Medicamentos de terapia génica.
d) Medicamentos de origen humano.

**4. La farmacodinamia estudia:**

a) Los efectos de los fármacos en el organismo.
b) La aplicación de los fármacos en el ser humano con la finalidad de curar o de alterar voluntariamente una función normal.

c) Las reacciones adversas y las enfermedades producidas por los medicamentos.

d) La evolución de un fármaco en el organismo tras su administración por distintas vías, identificando los metabolitos y las modalidades de eliminación.

**5. Cuando digo aspirina me estoy refiriendo a:**

a) La marca registrada (nombre comercial).
b) Nombre científico.
c) Nombre químico.
d) Nombre genérico.

**6. ¿Qué mecanismo de acción de fármacos serán aquellos en los que no intervienen estructuras biológicas especializadas (receptores)?**

a) Estocástico.
b) No específico.
c) Específico.
d) Variable.

**7. ¿Qué órgano se encarga de la eliminación de los metabolitos?**

a) Esófago.
b) Estómago.
c) Hígado.
d) Páncreas.

**8. El paso del fármaco de la sangre a los tejidos dependerá de su fijación a:**

a) Proteínas plasmáticas.
b) Lípidos serológicos.
c) Glúcidos plasmáticos.
d) ATP circulante.

**9. El efecto primario pretendido, es decir, la razón por la cual se prescribe el fármaco, con una dosis mínima eficaz es el efecto:**

a) Secundario.
b) Lateral.
c) Terapéutico.
d) Adverso.

**10. ¿Qué medicamentos de estos son formas farmacéuticas líquidas?**

a) Polvos.
b) Sellos.

c) Emulsiones.
d) Geles.

**11. ¿Cuál es la parte de la farmacología que estudia el movimiento de los fármacos en el organismo en función del tiempo y la dosis, desde que se administra hasta su eliminación total?**

a) Farmacología clínica.
b) Farmacodinamia.
c) Farmacocinética.
d) Farmacognosia.

**12. ¿Cómo se denomina el procedimiento que se lleva a cabo con la hoja de tratamiento correspondiente, para asegurarse al mismo tiempo del nombre del paciente, número de habitación y cama, medicamento y dosis a administrar, vía y horario?**

a) Comprobación de los 5 errores o los 5 correctos.
b) Comprobación de la filiación del enfermo.
c) Comprobación de los 8 errores.
d) Nada de lo anterior es cierto.

**13. Todo lo que se expone de la administración de un fármaco por vía oral es cierto, excepto que:**

a) Puede y debe administrarse un medicamento preparado por otra persona (si requiere lo mismo).
b) No se deben administrar medicamentos en un recipiente mal rotulado.
c) No se debe perder de vista el carrito unidosis o bandeja de medicamentos.
d) Los medicamentos no usados nunca se regresan a los recipientes, se desechan o bien se avisa a farmacia.

**14. ¿Qué afirmación es cierta respecto a la administración oftálmica?**

a) No deben aplicarse las gotas estando la persona de pie o sentada, solo se pondrá si está en decúbito.
b) Nunca se eliminará el exceso de medicación con una gasa limpia.
c) Se limpiarán los ojos de secreciones con una gasa estéril empapada en una solución irrigante, utilizando una gasa diferente para cada ojo con el fin de no contaminar o extender la infección.
d) No se debe tirar del parpado inferior y sí del superior, para aplicar el medicamento.

**15. Los sistemas percutáneos se corresponden con la vía:**

a) Tópica.
b) Intratecal.
c) Intraneural.
d) Transdérmica.

**16. ¿Qué vía es parenteral directa?**

a) Vía subcutánea.
b) Vía intraósea.
c) Vía intraarterial.
d) Son ciertas las respuestas a) y c).

**17. ¿Cuál es el motivo por el que se evita la perfusión venosa en las piernas de medicamentos?**

a) No existe ningún motivo, y se hace habitualmente en la práctica.
b) Mayor riesgo de infecciones.
c) Mayor riesgo de hemorragias.
d) Mayor riesgo de tromboflebitis.

**18. ¿Qué otro nombre recibe la vía subcutánea?**

a) Vía transdérmica.
b) Vía intradérmica.
c) Vía hipodérmica.
d) Vía subdérmica.

**19. ¿Qué vía de esta es intrarraquídea?**

a) Vía intratecal.
b) Vía intraarticular.
c) Vía intraperitoneal.
d) Vía intraótica.

**20. Se recomienda y considera, según la OMS, que todos los medicamentos tienen una vigencia máxima, desde su fecha de fabricación, de:**

a) 1 año.
b) 3 años.
c) 5 años.
d) 10 años.

En MADTEST tienes **más preguntas de este tema**, y todos tus avances quedan registrados y se reflejan en el ranking.

**¡Supera tus límites con MADTEST!**

# Solución al test n.º 11

**1.** c) Materia prima.

**2.** d) Medicamento genérico.

**3.** b) Medicamentos de uso veterinario.

**4.** a) Los efectos de los fármacos en el organismo.

**5.** a) La marca registrada (nombre comercial).

**6.** b) No específico.

**7.** c) Hígado.

**8.** a) Proteínas plasmáticas.

**9.** c) Terapéutico.

**10.** c) Emulsiones.

**11.** c) Farmacocinética.

**12.** a) Comprobación de los 5 errores o los 5 correctos.

**13.** a) Puede y debe administrarse un medicamento preparado por otra persona (si requiere lo mismo).

**14.** c) Se limpiarán los ojos de secreciones con una gasa estéril empapada en una solución irrigante, utilizando una gasa diferente para cada ojo con el fin de no contaminar o extender la infección.

**15.** d) Transdérmica.

**16.** c) Vía intraarterial.

**17.** d) Mayor riesgo de tromboflebitis.

**18.** c) Vía hipodérmica.

**19.** a) Vía intratecal.

**20.** c) 5 años.

**Aplicación local de frío y calor: indicaciones. Efectos sobre el organismo. Procedimientos y precauciones**

**1. ¿Qué especialidad de la medicina aprovecha los efectos terapéuticos del frío y del calor aplicándolos en las superficies corporales?**

a) Fisioterapia.
b) Medicina química.
c) Medicina eléctrica.
d) Electroterapia.

**2. El empleo de electricidad como medio físico y terapéutico se denomina:**

a) Medicina física.
b) Medicina eléctrica.
c) Electroterapia.
d) Son ciertas las respuestas b) y c).

**3. ¿Cómo se denomina la aplicación de frío como medio terapéutico de fisioterapia?**

a) Hidroterapia.
b) Helioterapia.
c) Crioterapia.
d) Termoterapia.

**4. ¿Sobre qué parte corporal posee mayores repercusiones los efectos del calor en termoterapia?**

a) Sobre la piel.
b) Sobre los dientes.
c) Sobre el sistema óseo.
d) Sobre el aparato respiratorio.

**5. ¿Sobre qué sistema o aparato no actúa el calor con un efecto terapéutico general?**

a) Sobre el aparato cardiocirculatorio.
b) Sobre el sistema nervioso.
c) Sobre el aparato digestivo.
d) Actúa sobre todos los anteriores.

**6. ¿Qué técnica se emplea en crioterapia al aplicar sobre la superficie un agente a una temperatura inferior?**

a) Radiación.
b) Conversión.
c) Conducción.
d) Convección.

**7. La aplicación local de frío no tiene como efecto:**

a) Palidez y frío sobre la piel.
b) El antitérmico.
c) El inflamatorio.
d) El antihemorrágico.

**8. La manta eléctrica es una forma de aplicación de:**

a) Calor seco.
b) Calor húmedo.
c) Frío seco.
d) Frío húmedo.

**9. ¿Qué técnicas de estas no se emplea para aplicar calor seco?**

a) Bolsa de agua caliente.
b) Compresas calientes.
c) Manta eléctrica y almohadilla eléctrica.
d) Lámpara de calor.

**10. ¿En qué circunstancias hay que tomar medidas especiales de precaución cuando se aplica calor o frío localmente?**

a) Cuando se aplica a niños/as.
b) Cuando se aplica a ancianos/as.
c) Cuando se aplica a pacientes inconscientes.
d) Cuando se aplica en todos los casos anteriores.

**11. ¿En qué circunstancias de estas puede estar contraindicada la termoterapia?**

a) En espasmos musculares.
b) En la menstruación con dismenorrea.
c) En grandes hematomas o hemorragias si son recientes.
d) En presencia de molestias gastrointestinales.

**12. ¿Qué tiempo de aplicación debe emplearse en congestiones de la cabeza y cansancios de pies, si se da crioterapia?**

a) Un cuarto de hora.
b) Diez minutos.
c) 4 a 5 minutos.
d) 30 a 60 segundos.

**13. ¿En qué circunstancia de estas se contraindica la crioterapia?**

a) Hemorroides.
b) Artrosis.
c) Enfermedad de Raynaud.
d) Dismenorrea.

**14. ¿Qué es falso del uso de la manta eléctrica y almohadilla eléctrica empleadas en termoterapia?**

a) La diferencia entre ambas es que la manta tiene mayor superficie que la almohadilla.
b) Ambas llevan en su interior una resistencia eléctrica.
c) Son variantes de aplicación de calor húmedo.
d) No se emplean en crioterapia.

**15. ¿Cuál es el tiempo de aplicación normalmente de calor mediante lámpara de infrarrojos?**

a) 1 a 3 minutos.
b) 10 a 20 minutos.
c) 21 a 27 minutos.
d) 30 minutos.

**16. ¿Por qué medio se transmite el calor mediante la aplicación de ceras o baños de parafina?**

a) Por conducción.
b) Por convección.

c) Por radiación.
d) Por conversión.

**17. ¿Qué técnica no se aplica en el modo de transferencia de calor de los empleados en termoterapia por conversión?**

a) Mediante radiación de microondas.
b) Mediante ultrasonidos.
c) Mediante onda corta.
d) Mediante compresas.

**18. El mejor beneficio se logra manteniendo la bolsa de hielo sobre el lugar indicado en crioterapia durante:**

a) Unos 30 minutos, para después descansar durante una hora y volver a realizar la aplicación.
b) Unos 30 minutos, para después descansar durante media hora y volver a realizar la aplicación.
c) Unos 20 minutos, para después descansar durante una hora y volver a realizar la aplicación.
d) Unos 20 minutos, para después descansar durante media hora y volver a realizar la aplicación.

**19. ¿Para qué zonas corporales se emplean los remojos fríos?**

a) Cabeza y cara.
b) Tórax y espalda.
c) Manos, brazos, pies, piernas y región perineal.
d) Abdomen y zona lumbar.

**20. ¿Qué término se emplea para aquellas aplicaciones de placas calientes compuestas de barro y parafina en una zona concreta del cuerpo?**

a) Peloides.
b) Pseudoparafinas.
c) Termóforos.
d) Parafangos.

En MADTEST tienes **más preguntas de este tema**, y todos tus avances quedan registrados y se reflejan en el ranking.

**¡Supera tus límites con MADTEST!**

# Solución al test n.º 12

**1.** a) Fisioterapia.

**2.** c) Electroterapia.

**3.** c) Crioterapia.

**4.** a) Sobre la piel.

**5.** d) Actúa sobre todos los anteriores.

**6.** c) Conducción.

**7.** c) El inflamatorio.

**8.** a) Calor seco.

**9.** b) Compresas calientes.

**10.** d) Cuando se aplica en todos los casos anteriores.

**11.** c) En grandes hematomas o hemorragias si son recientes.

**12.** d) 30 a 60 segundos.

**13.** c) Enfermedad de Raynaud.

**14.** c) Son variantes de aplicación de calor húmedo.

**15.** b) 10 a 20 minutos.

**16.** a) Por conducción.

**17.** d) Mediante compresas.

**18.** a) Unos 30 minutos, para después descansar durante una hora y volver a realizar la aplicación.

**19.** c) Manos, brazos, pies, piernas y región perineal.

**20.** d) Parafangos.

# TEST N.º 13

**Atención del Auxiliar de Enfermería al paciente con oxigenoterapia: métodos de administración de oxígeno, precauciones y métodos de limpieza del material**

**1. ¿Qué tipo de epitelio posee la capa mucosa que tapiza las fosas nasales?**

a) Cúbico.
b) Plano.
c) Cilíndrico ciliado.
d) Cilíndrico sin cilios.

**2. ¿Cuánto mide aproximadamente la faringe en cm?**

a) 4.
b) 8.
c) 12.
d) 2.

**3. ¿Dónde está la epiglotis?**

a) En la faringe.
b) En la laringe.
c) En la tráquea.
d) En el esófago.

**4. ¿Cómo se denominan las estructuras tubulares bronquiales que no poseen anillos cartilaginosos?**

a) Bronquios principales.
b) Bronquios primarios.
c) Bronquiolos.
d) Bronquios secundarios.

**5. ¿Cómo se denominan las estructuras bronquiales extrapulmonares?**

a) Bronquios principales.
b) Bronquios terciarios.

c) Bronquiolos.
d) Bronquios secundarios.

**6. ¿Cómo se denomina la capa muy fina que envuelve los pulmones?**

a) Pleura.
b) Mediastino.
c) Hilios.
d) Alveolos.

**7. ¿Qué tipo de mecanismo se emplea en el intercambio de gases a nivel alveolocapilar en pulmones?**

a) Difusión simple o difusión.
b) Transporte activo.
c) Pinocitosis.
d) Fagocitosis.

**8. ¿Qué es falso de la circulación menor?**

a) En ella hay dos venas pulmonares que van a aurícula derecha.
b) La sangre arterial circula por las venas pulmonares.
c) La sangre que transportan las arterias pulmonares está cargada de dióxido de carbono y empobrecida en oxígeno.
d) La hematosis es el fenómeno de intercambio de gases a nivel alveolocapilar.

**9. ¿Cuánto volumen de aire entra en una inspiración normal en nuestros pulmones?**

a) Cuarto de litro.
b) Medio litro.
c) Un litro.
d) Cinco litros.

**10. ¿Qué circunstancia se da cuando la saturación de oxígeno en sangre unido a hemoglobina es del 80 %?**

a) De saturación grave.
b) De saturación moderada.
c) De saturación leve.
d) No existe desaturación.

**11. Se define bronquitis crónica cuando hipersecreción de moco y la tos productiva crónica recurrente durante un mínimo de:**

a) Tres meses al año en dos años consecutivos.
b) Tres meses al año en tres años consecutivos.

c) Dos meses al año en tres años consecutivos.
d) Dos meses al año en dos años consecutivos.

**12. ¿A qué se denomina cambios destructivos de las paredes alveolares y agran-damiento de espacios aéreos distales a los bronquios terminales, no respiratorios de forma irreversible?**

a) Bronquiectasia.
b) Enfisema.
c) Bronquitis.
d) EPOC.

**13. Las bronquitis agudas son más frecuentes en:**

a) Niños y ancianos.
b) Mujeres embarazadas y ancianos.
c) Niños y adultos fumadores.
d) Ancianos y adultos no fumadores.

**14. ¿Qué disnea es típica del asma bronquial?**

a) Disnea paroxística.
b) Disnea espiratoria.
c) Disnea diurna.
d) Disnea de decúbito.

**15. ¿Cuál es la causa más frecuente de un neumotórax espontaneo secundario?**

a) EPOC.
b) Traumatismo.
c) Cirugía torácica.
d) Catamenial.

**16. ¿Cómo se denominan los respiradores que permiten regular solamente la presión de insuflación y exigen una estrecha vigilancia del paciente?**

a) Respiradores automáticos.
b) Respiradores de volumen.
c) Respiradores semiautomáticos.
d) Respiradores de presión.

**17. ¿Qué intubación endotraqueal es la más empleada en la práctica?**

a) Intubación orotraqueal.
b) Intubación nasotraqueal.

c) Intubación con transiluminación.
d) Intubación laringotraqueal.

**18. ¿Cómo se denomina aquel trastorno qué aparece en la hipoventilación alveolar y se caracteriza por una $PaCO_2$ elevada y un pH bajo?**

a) Acidosis respiratoria.
b) Alcalosis respiratoria.
c) Acidosis metabólica.
d) Alcalosis metabólica.

**19. ¿Qué se denomina por fallo del sistema respiratorio en una o en ambas de las funciones de intercambio gaseoso: la oxigenación de la sangre arterial y la eliminación del anhídrido carbónico?**

a) Insuficiencia respiratoria.
b) EPOC.
c) Enfisema.
d) Atelectasia.

**20. ¿Qué tipo de dispositivo se usa específicamente para suministrar oxígeno humidificado y calentado en pacientes con insuficiencia respiratoria aguda?**

a) Concentradores de oxígeno portátiles.
b) Mascarillas de alto flujo.
c) Sistemas de oxígeno transnasal.
d) Dispositivos de conservación de oxígeno.

En MADTEST tienes **más preguntas de este tema**, y todos tus avances quedan registrados y se reflejan en el ranking.

**¡Supera tus límites con MADTEST!**

# Solución al test n.º 13

**1.** c) Cilíndrico ciliado.

**2.** c) 12.

**3.** b) En la laringe.

**4.** c) Bronquiolos.

**5.** a) Bronquios principales.

**6.** a) Pleura.

**7.** a) Difusión simple o difusión.

**8.** a) En ella hay dos venas pulmonares que van a aurícula derecha.

**9.** b) Medio litro.

**10.** a) De saturación grave.

**11.** a) Tres meses al año en dos años consecutivos.

**12.** b) Enfisema.

**13.** c) Niños y adultos fumadores.

**14.** a) Disnea paroxística.

**15.** a) EPOC.

**16.** d) Respiradores de presión.

**17.** a) Intubación orotraqueal.

**18.** a) Acidosis respiratoria.

**19.** a) Insuficiencia respiratoria.

**20.** b) Mascarillas de alto flujo.

# TEST N.º 14

**Higiene de los centros sanitarios: medidas de prevención de la infección hospitalaria. Normas de seguridad e higiene. Concepto de aislamiento en el hospital: procedimientos de aislamiento y prevención de enfermedades transmisibles**

**1. ¿Cómo denominamos al tipo de higiene que se encarga de la identificación cualitativa y cuantitativa de los agentes nocivos?**

a) Higiene teórica.
b) Higiene analítica.
c) Higiene de campo.
d) Higiene operativa.

**2. Entendemos por el accidente que puede ser controlado y dominado de forma sencilla y rápida por el personal y medios de protección del local, dependencia o sector, por:**

a) Conato de emergencia.
b) Emergencia parcial.
c) Emergencia general.
d) Siniestro.

**3. ¿Cuál de éstas es la infección hospitalaria que más frecuentemente ocasiona mortalidad?**

a) Neumonías.
b) Infecciones urinarias.
c) Infecciones de heridas quirúrgicas.
d) Infecciones cutáneas.

**4. ¿Cuál de estas patologías cusan más muertes a nivel de infecciones hospitalarias?**

a) Infecciones quirúrgicas.
b) Infecciones urinarias.
c) Neumonías.
d) Infecciones cutáneo-mucosas.

**5. ¿A partir de qué año los estudios EPINE de prevalencia comienzan a ser referidos a las infecciones relacionadas con la asistencia sanitaria (IRAS)?**

a) 2017.
b) 2018.
c) 2019.
d) 1020.

**6. ¿Qué agente de infección nosocomial de estos está más relacionado con infecciones urinarias?**

a) *Streptococus epidermis.*
b) *Lysteria albicans.*
c) *Streptococus mirabilis.*
d) *Enterococos faecalis.*

**7. ¿Para el TCAE cuál debe ser la principal medida a llevar a cabo para prevenir la transmisión de infecciones por contacto directo?**

a) Uso de mascarilla.
b) Empleo de bata y guantes estériles.
c) Lavado cuidadoso de manos en cada contacto con los pacientes.
d) Uso de mascarilla y papis.

**8. ¿Cómo se denominan las heridas quirúrgicas según contaminación existente si son abiertas y recientes (menos de 4 horas), efectuadas en operaciones con alteraciones de la técnica estéril? Cirugía…**

a) Limpia.
b) Limpia- contaminada.
c) Contaminada.
d) Sucia.

**9. ¿Qué profesionales sanitarios deben tener una parte activa en los programas de control de las infecciones hospitalarias, además de la enfermera responsable?**

a) Médicos especialistas en medicina física.
b) Facultativos de medicina interna.
c) Personal hospitalario responsable de la prevención de riesgos laborales.
d) Epidemiólogos con conocimientos sobre la infección nosocomial y las infecciones relacionadas con la asistencia sanitaria (IRAS).

**10. ¿Quién debe elaborar una lista limitada de antibióticos y establecer normas respecto a las indicaciones terapéuticas y preventivas? La debe elaborar…**

a) El Comité Científico del Hospital.
b) El Servicio de Salud Pública y Medicina Preventiva.

c) El Comité de Infecciones.
d) El Servicio de Microbiología.

**11. ¿Cuál de estas medidas de prevención específica de infección urinaria noso-comial es correcta en paciente sin sonda vesical?**

a) Nunca se debe valorar a nivel preventivo la edad y sexo del sujeto en la prevención, ya que la incidencia de dichas infecciones no dependen de estos parámetros.
b) La higiene se debe realizar sin agua y con un antiséptico no irritante.
c) La higiene de los genitales se hace siempre en la dirección de genitales a región anal y nunca a la inversa.
d) Se debe instruir al paciente a que aguante el deseo de orinar lo más posible.

**12. ¿Cuál es la medida más eficaz para la prevención de las bacteriemias de tipo hospitalario?**

a) Uso de gorro, mascarilla y bata.
b) Lavado de manos meticuloso.
c) Cuidadosa elección y mantenimiento de las cánulas arteriales y venosas.
d) Nada de lo anterior es cierto.

**13. ¿Qué grado de eficacia de las medidas de prevención de las infecciones noso-comiales es la vigilancia de catéteres intravenosos? Grado...**

a) 1.
b) 2.
c) 3.
d) 4.

**14. ¿Cómo se denominan las barreras que emplean mecanismos físicos o mecá-nicos que actúan como tal, previniendo la transferencia de contaminantes o fuentes potenciales de contaminación en clínica hospitalaria? Barreras...**

a) Medioambientales.
b) Sanitarias.
c) Higiénicas.
d) Prohibidas.

**15. ¿Qué barrera higiénica es propiamente química?**

a) Uso de mascarilla.
b) Lavado rutinario de manos.
c) Utilización de guantes desechables.
d) Empleo de desinfectantes y antisépticos.

**16. ¿Por qué es necesario el uso de guantes estériles en cirugía?**

a) Para complementar el lavado de mano, aunque este es ya seguro.
b) Porque el lavado de manos quirúrgico no garantiza la eliminación de los microorganismos.
c) No se emplean guantes estériles en cirugía.
d) En cirugía se emplean guantes desechables no estériles que complementar el lavado de mano.

**17. ¿Qué prenda es la primera que hay que ponerse para acceder a un área estéril?**

a) Gorros.
b) Guantes.
c) Calzas.
d) Bata.

**18. ¿Para cuántas intervenciones quirúrgicas sirve una mascarilla?**

a) Exclusivamente para una.
b) Para dos o tres.
c) Para varias, mientras dure su material frente a la esterilización.
d) Para siempre, ya que es esterilizable.

**19. ¿A qué se denomina el conjunto de normas que hay que tomar en el hospital para evitar la propagación de las enfermedades infecciosas dentro de las distintas estancias y servicios hospitalarios?**

a) Barreras higiénicas.
b) Aislamiento hospitalario.
c) Barreras de protección.
d) Son ciertas las opciones a) y c).

**20. ¿Cuándo se realiza en el aislamiento la desinfección final?**

a) Antes de la entrada de enfermos en la habitación de planta.
b) Antes de la entrada de personas y útiles en la habitación de planta, sin tener en cuenta al paciente.
c) Durante la estancia del enfermo en la habitación de planta.
d) Tras la marcha del paciente de la habitación de planta.

En MADTEST tienes **más preguntas de este tema**, y todos tus avances quedan registrados y se reflejan en el ranking.

**¡Supera tus límites con MADTEST!**

# Solución al test n.º 14

**1.** b) Higiene analítica.

**2.** a) Conato de emergencia.

**3.** a) Neumonías.

**4.** c) Neumonías.

**5.** b) 2018.

**6.** d) Enterococos faecalis.

**7.** c) Lavado cuidadoso de manos en cada contacto con los pacientes.

**8.** c) Contaminada.

**9.** d) Epidemiólogos con conocimientos sobre la infección nosocomial y las infecciones relacionadas con la asistencia sanitaria (IRAS).

**10.** c) El Comité de Infecciones.

**11.** c) La higiene de los genitales se hace siempre en la dirección de genitales a región anal y nunca a la inversa.

**12.** c) Cuidadosa elección y mantenimiento de las cánulas arteriales y venosas.

**13.** a) 1.

**14.** c) Higiénicas.

**15.** d) Empleo de desinfectantes y antisépticos.

**16.** b) Porque el lavado de manos quirúrgico no garantiza la eliminación de los microorganismos.

**17.** c) Calzas.

**18.** a) Exclusivamente para una.

**19.** b) Aislamiento hospitalario.

**20.** d) Tras la marcha del paciente de la habitación de planta.

**Concepto: infección, desinfección, asepsia y antisepsia. Desinfectantes y antisépticos: mecanismos de acción de los desinfectantes. Métodos de limpieza y desinfección de material e instrumental sanitario. Cadena epidemiológica de la infección nosocomial. Barreras higiénicas. Consecuencias de las infecciones nosocomiales**

**1. ¿Qué tipo de agentes utiliza más frecuentemente la asepsia para conseguir matar y eliminar los microorganismos?**

a) Agentes mecánicos.
b) Agentes físicos.
c) Agentes biológicos.
d) Agentes químicos.

**2. El material estéril:**

a) No posee ningún tipo de microorganismo patógeno.
b) No posee gérmenes tipo virus, bacterias y hongos.
c) No posee ningún tipo de microorganismo patógeno, ni microorganismo no patógeno, e incluso ni siquiera sus formas de resistencia.
d) No posee ningún tipo de microorganismo patógeno y no patógeno.

**3. ¿Qué termino es sinónimo de antisepsia en la práctica?**

a) Descontaminación.
b) Desinfección.
c) Esterilización.
d) Desinfestación.

**4. ¿Cómo se denomina al conjunto de técnicas destinadas a la eliminación de los artrópodos?**

a) Desinsectación.
b) Desinfección.

c) Esterilización.
d) Desinfestación.

**5. ¿Qué insecticidas en la práctica se consideran los más importantes?**

a) Asfixiantes.
b) Fumigantes.
c) Repelentes.
d) Por contacto.

**6. ¿A qué grupo de insecticidas pertenece el famoso DDT?**

a) Asfixiantes.
b) Fumigantes.
c) Repelentes.
d) Por contacto.

**7. ¿Dónde incluirías a la aguja de Reverdin en la clasificación del instrumental quirúrgico?**

a) En instrumental de Hemostasia.
b) En instrumental de sutura.
c) En instrumental de disección.
d) En instrumental de corte.

**8. Dentro de la clasificación de bisturíes entra:**

a) Tijeras para suturas.
b) Pinzas de Kelly.
c) Las lancetas.
d) Catgut.

**9. Las pinzas utilizadas para hemostasia de menor tamaño son:**

a) Pean.
b) Kelly.
c) Kocher.
d) Mosquito.

**10. El instrumental quirúrgico de síntesis es el instrumental:**

a) De talla o campo.
b) De sutura.
c) De hemostasia.
d) De exposición.

**11. ¿Cómo se denomina el instrumental quirúrgico que sirve para que el campo operatorio esté libre y las maniobras del cirujano puedan hacerse con seguridad?**

a) Instrumental quirúrgico de disección.
b) Instrumental quirúrgico de exposición.
c) Instrumental quirúrgico de aprehensión.
d) Instrumental quirúrgico de sutura.

**12. Las pinzas Duval-Collin son instrumentales quirúrgicos de:**

a) Aprehensión.
b) De sutura.
c) De hemostasia.
d) De exposición.

**13. ¿Qué es falso de un buen desinfectante?**

a) Es aquel que no es tóxico ni corrosivo.
b) Es aquel que es de bajo costo y de olor agradable.
c) Es aquel que posee un espectro reducido de acción.
d) Es aquel que es biodegradable y se puede usar diluido en agua o alcohol.

**14. Una esterilización destruye o elimina:**

a) Todos los gérmenes patógenos.
b) Todos los gérmenes no patógenos.
c) Las formas de resistencia o esporas.
d) Todo lo anterior.

**15. ¿Qué rayos solares son considerados desinfectantes?**

a) Los rayos actínicos.
b) Los rayos ultravioletas.
c) Los rayos infrarrojos.
d) Los rayos láser.

**16. ¿Cómo se denomina el material sanitario que requiere de asepsia total?**

a) Crítico.
b) Semicrítico.
c) No crítico.
d) Desinfectado.

**17. Una prótesis de la cabeza femoral la incluirías dentro del material sanitario:**

a) Crítico.
b) Semicrítico.

c) No crítico.
d) Desinfectado.

**18. ¿Qué elementos de estos es de fijación?**

a) Vendas.
b) Hule.
c) Celulosa.
d) Algodón hidrófilo.

**19. ¿Cada cuánto se limpia el mobiliario de la habitación del paciente?**

a) Se limpia cada día.
b) Se limpia cada tres días.
c) Se limpia una vez a la semana.
d) Se limpia una vez al mes.

**20. ¿Cuál es la base de la realización del procedimiento de limpieza-descontaminación?**

a) Realizar una observación de cómo están los materiales antes de ser llevados a la central de esterilización.
b) Hacer una limpieza preliminar y no definitiva del material e instrumental antes de ser llevados a la central de esterilización.
c) Efectuar una limpieza de los materiales, de forma que queden completamente limpios para ser llevados así a la central de esterilización.
d) Esencialmente descontaminar con seguridad los materiales antes de ser llevados a la central de esterilización, aunque no estén limpios al 100 %.

En MADTEST tienes **más preguntas de este tema**, y todos tus avances quedan registrados y se reflejan en el ranking.

**¡Supera tus límites con MADTEST!**

# Solución al test n.º 15

**1.** b) Agentes físicos.

**2.** c) No posee ningún tipo de microorganismo patógeno, ni microorganismo no patógeno, e incluso ni siquiera sus formas de resistencia.

**3.** b) Desinfección.

**4.** a) Desinsectación.

**5.** d) Por contacto.

**6.** d) Por contacto.

**7.** b) En instrumental de sutura.

**8.** c) Las lancetas.

**9.** d) Mosquito.

**10.** b) De sutura.

**11.** b) Instrumental quirúrgico de exposición.

**12.** a) Aprehensión.

**13.** c) Es aquel que posee un espectro reducido de acción.

**14.** d) Todo lo anterior.

**15.** b) Los rayos ultravioletas.

**16.** a) Crítico.

**17.** a) Crítico.

**18.** a) Vendas.

**19.** a) Se limpia cada día.

**20.** c) Efectuar una limpieza de los materiales, de forma que queden completamente limpios para ser llevados así a la central de esterilización.

**Esterilización: concepto. Métodos de esterilización según tipos de material. Tipos de con-troles. Manipulación y conservación del material estéril**

**1. ¿Qué método se emplea para la destrucción de todos los microorganismos y formas de resistencia de los mismos (esporas)?**

a) Antisepsia.
b) Desinfección.
c) Esterilización.
d) Fumigación.

**2. ¿Cuál de estos mecanismos de acción no se emplea en esterilización?**

a) Muerte por calor.
b) Muerte por frío.
c) Muerte por agente químico.
d) Muerte por radiación.

**3. ¿Cuál de estas técnicas de esterilización es en "frío"?**

a) Mediante autoclave.
b) Mediante horno Pasteur.
c) Mediante flameado.
d) Mediante radiación gamma.

**4. ¿Cuál de las siguientes ventajas e inconvenientes del autoclave es falsa?**

a) Es un medio de esterilizar barato, sencillo, rápido y eficaz.
b) Es aplicable a una gran gama de materiales.
c) Las altas temperaturas de la técnica desestructura el material.
d) Son correctas todas las respuestas anteriores.

**5. ¿Qué procedimiento de esterilización por calor es aquel que consiste en el uso de hornos crematorios para quemar el material de un solo uso y otros contaminados biológicamente?**

a) Flameado.
b) Horno Pasteur.
c) Poupinel.
d) Incineración.

**6. ¿Qué envoltorio del material a esterilizar es el más utilizado es la estufa Poupinel?**

a) Bolsas de vidrio.
b) Bolsas de plomo.
c) Bolsas de aluminio.
d) Bolsas de plástico termorresistente.

**7. ¿En cuál de estas técnicas de esterilización no son utilizados los métodos químicos?**

a) En óxido de etileno.
b) En glutaraldehído.
c) En formol.
d) En el flameado.

**8. ¿Cuánto tiempo debe estar inmerso el material que se va a esterilizar con glutaraldehído al 2 %?**

a) 10 minutos.
b) 1 hora.
c) 5 horas.
d) 10 horas.

**9. ¿Dónde se sitúa normalmente el Servicio de esterilización en un Hospital?**

a) En su planta más alta.
b) En planta baja o sótano.
c) Siempre en la planta 3.ª
d) No importa donde se ubique.

**10. ¿Cuál de estos riesgos es general en el servicio de esterilización?**

a) Deshidratación por excesivo calor.
b) Caídas y cortes.
c) Quemadura en zona de incineración.
d) Explosión por uso inadecuado de óxido de etileno.

**11. ¿Mediante qué procedimiento hoy día en los autoclaves modernos se comprueban las condiciones físicas de los aparatos?**

a) Mediante impresión de los registros o gráfico directo de los registros de presión, tiempo y temperatura.
b) Mediante sensor térmico.
c) Mediante sensor de presión.
d) Mediante sensor de variables.

**12. ¿Cuál de estos métodos de control no corresponde a controles físicos?**

a) Los termómetros.
b) Los manómetros.
c) Los tubos testigos.
d) Los medidores de humedad.

**13. ¿Dónde se colocan los indicadores colorimétricos como medio de control químico esencialmente térmico que comprueban si la esterilización ha funcionado?**

a) Se colocan dentro del paquete a esterilizar y en zonas del interior del autoclave de difícil acceso.
b) Se colocan en el exterior en forma de cinta autoadhesiva y en zonas del interior del autoclave de difícil acceso.
c) Se colocan en el exterior en forma de cinta autoadhesiva y dentro del paquete.
d) Se colocan en el exterior en forma de cinta autoadhesiva, dentro del paquete y en zonas del interior del autoclave de difícil acceso.

**14. ¿Qué técnicas de medio de control químico (testigo) se realizan en esterilización?**

a) Técnicas azufradas.
b) Técnicas colorimétricas.
c) Técnicas olorimétricas.
d) Las respuestas a) y c) son correctas.

**15. ¿De qué depende el período que dura una esterilización?**

a) Depende del tipo de control biológico realizado y del tipo de envoltorio empleado.
b) Depende del tipo de envoltorio utilizado y del medio de transporte empleado.
c) Depende del tipo de envoltorio utilizado, de las condiciones de almacenamiento, del tipo de material, y del transporte empleado, entre otros.
d) Depende del tipo de control físico, químico y biológico realizado.

**16. ¿Qué se emplea para el transporte del material esterilizado si es voluminoso?**

a) Se utilizan grúas especiales.
b) Se utilizan carretillas abiertas.

c) Se utilizan bolsas de plástico cerradas.
d) Se utilizan carros herméticos.

**17. El material esterilizado que se vaya a almacenar en las plantas debe ser utilizado en:**

a) 6-12 horas.
b) 24-48 horas.
c) 48-72 horas.
d) 72-96 horas.

**18. ¿Cuál es el tiempo de caducidad del material esterilizado dentro de las bolsas o papel mixto envasado doble y empleado para autoclaves?**

a) De 3 meses.
b) De 6 meses.
c) De 9 meses.
d) De 12 meses.

**19. ¿Cuál es el tiempo de caducidad del material esterilizado en las condiciones de triple barrera?**

a) 1 mes.
b) 2 meses.
c) 3 meses.
d) 6 meses.

**20. ¿Cuál es el tiempo de caducidad del material esterilizado dentro de los contenedores con protección de filtro?**

a) 1 mes.
b) 2 meses.
c) 3 meses.
d) 6 meses.

En MADTEST tienes **más preguntas de este tema**, y todos tus avances quedan registrados y se reflejan en el ranking.

**¡Supera tus límites con MADTEST!**

# Solución al test n.º 16

**1.** c) Esterilización.

**2.** b) Muerte por frío.

**3.** d) Mediante radiación gamma.

**4.** d) Son correctas todas las respuestas anteriores.

**5.** d) Incineración.

**6.** c) Bolsas de aluminio.

**7.** d) En el flameado.

**8.** d) 10 horas.

**9.** b) En planta baja o sótano.

**10.** b) Caídas y cortes.

**11.** a) Mediante impresión de los registros o gráfico directo de los registros de presión, tiempo y temperatura.

**12.** c) Los tubos testigos.

**13.** d) Se colocan en el exterior en forma de cinta autoadhesiva, dentro del paquete y en zonas del interior del autoclave de difícil acceso.

**14.** b) Técnicas colorimétricas.

**15.** c) Depende del tipo de envoltorio utilizado, de las condiciones de almacenamiento, del tipo de material, y del transporte empleado, entre otros.

**16.** d) Se utilizan carros herméticos.

**17.** b) 24-48 horas.

**18.** d) De 12 meses.

**19.** c) 3 meses.

**20.** d) 6 meses.

## Cuidados de salud de la mujer gestante. Alimentación. Higiene. Ejercicio y reposo

**1. Mientras no se demuestre lo contrario, toda amenorrea secundaria, incluso premenopáusica ha de valorarse como:**

a) Enfermedad grave del embarazo.
b) Enfermedad grave ajena a la gestación.
c) Posible embarazo.
d) Enfermedad endocrina.

**2. ¿Qué afirmación es incorrecta sobre la clínica de embarazo?**

a) Los signos y síntomas son muy variables.
b) Es muy típico en el embarazo el cansancio y la tensión mamaria.
c) La clínica de embarazo es muy específica.
d) Las náuseas y los vómitos matutinos son habituales que se presenten en la gestación.

**3. ¿Qué hormona es la que se detecta en el test de embarazo en orina cuando es positivo?**

a) Hormona gonadotropina coriónica humana (HCG).
b) Hormona gonadotropina hipofisaria humana (HHG).
c) Prolactina (P).
d) Hormona folículo estimulante (FSH).

**4. ¿Cuánto baja de peso aproximadamente el miometrio por involución una semana después del parto?**

a) Una cuarta parte.
b) La mitad.
c) Tres cuartas partes.
d) El 90 %.

**5. La prueba denominada test de O´Sullivan, típico en gestación, cuando da positivo se realiza a la embarazada el test llamado:**

a) Tolerancia al gluten.
b) Coombs.
c) Toxoplasmosis.
d) Tolerancia oral a la glucosa.

**6. ¿En qué semanas de gestación se realizará la ecografía donde se hace un estudio detallado valorando el crecimiento fetal, y descartando un retraso en el crecimiento?**

a) En las semanas 8-10.
b) En las semanas 12-16.
c) En las semanas 16-22.
d) En las semanas 32-34.

**7. ¿Qué circunstancia no es muy probable que se dé por el embarazo?**

a) Pirosis.
b) Diarreas.
c) Hemorroides.
d) Estreñimiento.

**8. ¿Cuál es el consumo diario de proteínas recomendado en gestante?**

a) 0,5 g por kg de peso.
b) 1 g por kg de peso.
c) 1,5 g por kg de peso.
d) 2,5 g por kg de peso.

**9. ¿Cuánto se debe consumir aproximadamente de hierro en todo el embarazo (en mg)?**

a) 300.
b) 500.
c) 800.
d) 2500.

**10. ¿Qué patología se previene con el consumo de yodo durante el embarazo?**

a) Hipertiroidismo.
b) Enfermedad de Graves-Basedow.
c) Bocio.
d) Ninguno de los anteriores.

**11. ¿Cuántas veces se recomienda bañarse a la gestante?**

a) 1 vez al día.
b) 1 vez cada dos días.
c) 1 vez cada tres días.
d) 1 vez a la semana.

**12. ¿Cómo se llama el parto qué ocurre a la 37 semana?**

a) Parto a término.
b) Parto prematuro.
c) Parto pretérmino.
d) Parto postérmino.

**13. El aborto se produce si finaliza la gestación antes de la semana:**

a) 42.
b) 35.
c) 22.
d) 25.

**14. ¿Cuántas fases bien diferenciadas existen en el parto?**

a) 5.
b) 4.
c) 3.
d) 2.

**15. El borramiento del cuello uterino produce:**

a) El final de la dilatación del cuello.
b) La formación del canal del parto.
c) El inicio del alumbramiento.
d) Nada de lo anterior es cierto.

**16. El periodo expulsivo se inicia en el momento en que la dilatación del orificio cervical uterino es completa, que es en cm con:**

a) 5-6.
b) 7-8.
c) 10-12.
d) 20-36.

**17. Con el alumbramiento se expulsa:**

a) El recién nacido.
b) El líquido amniótico y el recién nacido.

c) La placenta y sus anejos (membranas…).

d) El líquido amniótico, el recién nacido y la placenta y sus anejos (membranas…).

**18. ¿Cómo se denominan las pérdidas que fluyen por los genitales externos durante el puerperio?**

a) Menorragias.

b) Dismenorreas.

c) Loquios.

d) Entuertos.

**19. Las contracciones uterinas dolorosas propias del puerperio se denominan:**

a) Contracciones de bruja.

b) Dismenorreas.

c) Loquios.

d) Entuertos.

**20. ¿Cuánto debe durar aproximadamente el amamantar al bebe en cada pecho?**

a) Más de 30 minutos.

b) Entre 20 a 30 minutos.

c) Entre 15 a 20 minutos.

d) Entre 10 a 15 minutos.

En MADTEST tienes **más preguntas de este tema**, y todos tus avances quedan registrados y se reflejan en el ranking.

**¡Supera tus límites con MADTEST!**

# Solución al test n.º 17

**1.** c) Posible embarazo.

**2.** c) La clínica de embarazo es muy específica.

**3.** a) Hormona gonadotropina coriónica humana (HCG).

**4.** b) La mitad.

**5.** d) Tolerancia oral a la glucosa.

**6.** d) En las semanas 32-34.

**7.** b) Diarreas.

**8.** c) 1,5 g por kg de peso.

**9.** c) 800.

**10.** c) Bocio.

**11.** a) 1 vez al día.

**12.** a) Parto a término.

**13.** c) 22.

**14.** c) 3.

**15.** b) La formación del canal del parto.

**16.** c) 10-12.

**17.** c) La placenta y sus anejos (membranas…).

**18.** c) Loquios.

**19.** d) Entuertos.

**20.** d) Entre 10 a 15 minutos.

## Atención al recién nacido y lactante:
## conceptos generales. Alimentación

**1. ¿Cuál de estos niños puede considerarse recién nacido?**

a) Si tiene tras parir su madre 27 días de vida.
b) Si tiene tras parir su madre 35 días de vida.
c) Si tiene tras parir su madre 250 días de vida.
d) Si tiene tras parir su madre 1 año de vida.

**2. La primera semana de vida comprende el período:**

a) Del bebé.
b) Del lactante.
c) Neonatal precoz.
d) Neonatal tardío.

**3. ¿Cuál de estos consideras un neonato "a término"?**

a) Aquel que nació con 32 semanas de gestación.
b) Aquel que nació con 35 semanas de gestación.
c) Aquel que nació con 38 semanas de gestación.
d) Aquel que nació con 45 semanas de gestación.

**4. ¿Cómo se denomina al niño que nace antes de la 37 semana de gestación?**

a) Bajo de peso.
b) Pretérmino.
c) Postérmino.
d) Hipomaduro.

**5. ¿Cuánto más o menos de estos valores son adecuados para un perímetro cefálico normal a los tres días de nacer?**

a) 35 cm.
b) 40 cm.

c) 45 cm.
d) 50 cm.

**6. ¿Hasta qué edad el perímetro torácico es menor que el craneal o cefálico?**

a) Hasta los seis meses de vida.
b) Hasta los 12 meses de vida.
c) Hasta los 18 meses de vida.
d) Hasta los 24 meses de vida.

**7. La fontanela mayor o anterior no se cierra hasta:**

a) Los seis meses de vida.
b) Los nueve meses de vida.
c) Los tres meses de vida.
d) Los dieciocho meses de vida.

**8. El unto sebáceo es:**

a) Lanugo.
b) Vérnix caseoso.
c) Dermatosebo.
d) Problema seborreico que presenta el neonato.

**9. El lanugo en el neonato es:**

a) Una piel sebácea con vellos gruesos en determinados lugares.
b) Un vello fino que recubre la piel más frecuentemente en frente, mejillas, hombros y espalda.
c) Un vello de mayor grosor y más corto que protege al niño al nacer.
d) Capa sebácea de la piel del neonato.

**10. ¿Cuándo se cae normalmente el cordón umbilical?**

a) A los 3 días.
b) A la semana.
c) A las 2 semanas.
d) Al mes.

**11. ¿Cómo se llaman las primeras deposiciones del recién nacido?**

a) Vérmix caseoso.
b) Melena.
c) Mecamnios.
d) Meconio.

**12. ¿Qué patologías intentan prevenirse con la prueba del talón?**

a) Mucopolisacaridosis I y síndrome de Marfan.
b) Fenilcetonuria e hipertiroidismo.
c) Enfermedad de Morquio e hipertiroidismo.
d) Fenilcetonuria e hipotiroidismo.

**13. ¿Qué valoración del recién nacido tendría un niño con un APGAR de 8?**

a) Dificultad grave.
b) Dificultad moderada.
c) Dificultad leve.
d) No hay dificultad.

**14. Los neonatos prematuros inmaduros son aquellos con un peso inferior a:**

a) 3.000 g.
b) 2.500 g.
c) 2.000 g.
d) 1.500 g.

**15. ¿Cuál es el ángulo de dorsiflexión del pie de un neonato normal y prematuro respectivamente?**

a) Del neonato normal 5º y más de 5º hasta 95º en prematuro.
b) Del neonato normal 10º y más de 10º hasta 180º en prematuro.
c) Del neonato normal 15º y más de 15º hasta 90º en prematuro.
d) Del neonato normal 0º y más de 0º hasta 90º en prematuro.

**16. El jabón empleado en el baño debe tener un pH:**

a) Levemente ácido.
b) Muy ácido.
c) Neutro.
d) Alcalino.

**17. ¿Qué vitamina es más escasa en leche vaca?**

a) Complejo B.
b) A.
c) D.
d) Ninguna.

**18. ¿Qué cantidad de agua se vierte en el biberón por cada cacito raso de leche en polvo?**

a) 10 cc.
b) 20 cc.
c) 30 cc.
d) 40 cc.

**19. Todos los componentes que se nombran de una dieta equilibrada lo califican de básico, excepto:**

a) Minerales elementales, sales minerales y agua.
b) Proteínas.
c) Hidratos de carbono o azúcares, y lípidos o grasas.
d) Fibras indigeribles.

**20. ¿Quiénes van a ser el principal soporte psicológico de los niños durante su estancia hospitalaria?**

a) Los facultativos.
b) El personal no sanitario: maestros, celadores, etc.
c) El personal sanitario no facultativo: enfermeros, TCAE…
d) Los padres.

En MADTEST tienes **más preguntas de este tema**, y todos tus avances quedan registrados y se reflejan en el ranking.

**¡Supera tus límites con MADTEST!**

# Solución al test n.º 18

**1.** a) Si tiene tras parir su madre 27 días de vida.

**2.** c) Neonatal precoz.

**3.** c) Aquel que nació con 38 semanas de gestación.

**4.** b) Pretérmino.

**5.** a) 35 cm.

**6.** d) Hasta los 24 meses de vida.

**7.** d) Los dieciocho meses de vida.

**8.** b) Vérnix caseoso.

**9.** b) Un vello fino que recubre la piel más frecuentemente en frente, mejillas, hombros y espalda.

**10.** b) A la semana.

**11.** d) Meconio.

**12.** d) Fenilcetonuria e hipotiroidismo.

**13.** d) No hay dificultad.

**14.** d) 1.500 g.

**15.** d) Del neonato normal 0º y más de 0º hasta 90º en prematuro.

**16.** c) Neutro.

**17.** c) D.

**18.** c) 30 cc.

**19.** d) Fibras indigeribles.

**20.** d) Los padres.

## Atención a pacientes con traumatismos: conceptos generales

**1. ¿Qué porción anatómica no forma parte del aparato locomotor?**

a) Músculos.
b) Huesos.
c) Articulaciones.
d) Nervios.

**2. ¿Qué hueso es corto?**

a) Ganchoso.
b) Peroné.
c) Tibia.
d) Cúbito.

**3. ¿Qué hueso es arqueado?**

a) Radio.
b) Etmoides.
c) Hioides.
d) Unguis.

**4. ¿Qué eje predomina en los huesos largos?**

a) El eje longitudinal.
b) El eje transversal.
c) El eje sagital.
d) El eje horizontal.

**5. ¿De qué tipo de tejido básico es variante el tejido óseo?**

a) De tejido fibroso.
b) De tejido conjuntivo.

c) De tejido nervioso.
d) De tejido epitelial.

**6. ¿Qué fibras son las que son mayoritarias en el tejido óseo?**

a) Fibras de Lys.
b) Fibras de reticulina.
c) Fibras elásticas.
d) Fibras colágenas.

**7. ¿En qué zona de un hueso largo se sitúa el cartílago de crecimiento?**

a) En la metáfisis.
b) En la diáfisis.
c) En la epífisis.
d) En la difisilis.

**8. ¿Qué estructura existente en los huesos es la responsable de la formación de las células sanguíneas (hematopoyesis)?**

a) Médula ósea amarilla.
b) Médula ósea roja.
c) Médula ósea azul.
d) Médula ósea verde.

**9. La disminución de la densidad ósea se denomina:**

a) Hipoosia.
b) Osteomalacia.
c) Osteocia.
d) Osteonecrosis.

**10. ¿Qué hueso del cráneo posee los denominados peñascos?**

a) Frontal.
b) Occipital.
c) Parietales.
d) Temporales.

**11. ¿Cuál de las siguientes forma parte de los factores de cicatrización de las heridas?**

a) Insomnio.
b) Huésped comprometido.
c) Ansiedad.
d) Sistema respiratorio.

**12. La infección de una herida quirúrgica se puede hacer evidente entre los:**

a) 3 y 7 días del posoperatorio.
b) 1 y 8 días del posoperatorio.
c) 2 y 10 días del posoperatorio.
d) 2 y 11 días del posoperatorio.

**13. Cuando la profundidad de la herida atraviesa el tejido subcutáneo hablamos de tipo:**

a) Perforante.
b) Profunda.
c) Superficial.
d) Penetrante.

**14. Las heridas se manifiestan clínicamente por:**

a) Dolor, hemorragia y separación de los bordes de la piel por la herida.
b) Dolor, contusión y membrana mucosa abierta.
c) Hemorragia, rotura de la piel y enrojecimiento de esta.
d) Rotura de la piel, dolor y hemorragia.

**15. La definición de fractura se conoce como:**

a) Aquella interrupción de continuidad del hueso y se define según tipo y magnitud.
b) Es la fragmentación del hueso.
c) Es aquel traumatismo que afecta a una parte del organismo.
d) Una interrupción de la continuidad del hueso aunque puede no estar relacionada con él.

**16. Fractura abierta es aquella que:**

a) Se produce sin posibilidad de tratamiento quirúrgico.
b) Afecta a músculos y vísceras.
c) Perfora la piel o la mucosa.
d) Un fragmento de hueso se encaja firmemente en otro.

**17. Las fracturas abiertas se clasifican en:**

a) Completas e incompletas.
b) No se clasifican.
c) Parcial y total.
d) Grado I, II, y III.

**18. Las lesiones traumáticas con solución de continuidad de la piel, del revestimiento mucoso o de la superficie de los órganos internos son:**

a) Heridas.
b) Contusiones.

c) Edemas.
d) Hemorragias.

**19. Las heridas producidas por objetos cortantes se denominan:**

a) Heridas contusas.
b) Heridas incisas.
c) Heridas punzantes.
d) Heridas mixtas.

**20. Las heridas abiertas realizadas por un instrumento cortante que penetra en la piel y los tejidos internos son de tipo:**

a) Contusas.
b) Punzantes.
c) Abrasivas.
d) Obsesivo-contusas.

En MADTEST tienes **más preguntas de este tema**, y todos tus avances quedan registrados y se reflejan en el ranking.

**¡Supera tus límites con MADTEST!**

# Solución al test n.º 19

**1.** d) Nervios.

**2.** a) Ganchoso.

**3.** c) Hioides.

**4.** a) El eje longitudinal.

**5.** b) De tejido conjuntivo.

**6.** d) Fibras colágenas.

**7.** a) En la metáfisis.

**8.** b) Médula ósea roja.

**9.** c) Osteocia.

**10.** d) Temporales.

**11.** b) Huésped comprometido.

**12.** d) 2 y 11 días del posoperatorio.

**13.** b) Profunda.

**14.** a) Dolor, hemorragia y separación de los bordes de la piel por la herida.

**15.** a) Aquella interrupción de continuidad del hueso y se define según tipo y magnitud.

**16.** c) Perfora la piel o la mucosa.

**17.** d) Grado I, II, y III.

**18.** a) Heridas.

**19.** b) Heridas incisas.

**20.** b) Punzantes.

# TEST N.º 20

**Atención del Auxiliar de Enfermería al enfermo terminal. Apoyo al cuidador principal y familia. Cuidados post mortem. Atención a enfermos de toxicomanías: alcoholismo y drogodependencias. Atención y cuidados al paciente de Salud Mental. Atención y cuidados en el anciano**

**1. ¿Qué aspecto de estos es clave que se dé en cuidados paliativos, siempre que sea posible?**

a) La atención hospitalaria.
b) La atención en centro de salud habitual.
c) La atención en centro de salud especializado.
d) La atención domiciliaria.

**2. Respecto a los cuidados paliativos no es cierto que:**

a) Mejoran la calidad de vida de los pacientes y de sus familias.
b) Alivian el dolor y otros síntomas.
c) Aceleran la muerte.
d) Afirman la vida, y consideran la muerte como un proceso normal.

**3. ¿Qué pronóstico (en meses) de vida es el promedio general en pacientes terminales?**

a) Está limitado a 2 meses (± 1).
b) Está limitado a 3 meses (± 2).
c) Está limitado a 6 meses (± 3).
d) Está limitado a 9 meses (± 3).

**4. ¿Qué principio básico, según Beauchamp y Childress, se sintetiza con la expresión latina *primum non nocere*?**

a) Justicia.
b) No maleficencia.
c) Autonomía.
d) Beneficencia.

**5. ¿En qué tipo de actuaciones se basan los cuidados paliativos?**

a) Eutanasia.
b) Eugenesia.
c) Distanasia.
d) Ortotanasia.

**6. ¿Qué es falso del tabaquismo?**

a) Es una dependencia por consumo de tabaco.
b) El tabaquismo se adquiere en nuestro medio fumando en pipa, cigarros o cigarrillos.
c) La inhalación de su combustión es la responsable directa tanto de la dependencia como de las diversas patologías que causa.
d) La planta del tabaco era conocida desde la antigüedad en diversos continentes, sin embargo, su utilización y consumo proceden de África.

**7. ¿Cuál de estas patologías es considerada por las Administraciones sanitarias como la principal causa evitable de morbimortalidad, por las patologías orgánicas que puede causar?**

a) La obesidad.
b) El consumo de tabaco.
c) El sedentarismo.
d) El consumo de alimentos dislipémicos.

**8. ¿Qué sustancias procedentes del tabaco son de las denominadas irritantes?**

a) Alquitranes y compuestos del benceno.
b) Nicotina.
c) Fenoles, peróxido de nitrógeno y ácido cianhídrico, entre otras.
d) Monóxido de carbono.

**9. ¿Qué receptores colinérgicos de la acción de la nicotina son aquellos localizados en los órganos efectores que reciben terminaciones nerviosas posganglionares colinérgicas, así como en algunas neuronas del SNC?**

a) Nicotínicos propiamente.
b) Muscarínicos.
c) Adrenérgicos.
d) Dopaminérgicos.

**10. ¿Cómo es el despertar de un fumador empedernido?**

a) Alegre y lúcido.
b) Con dolor articular y rigidez matutina.

c) Muy placentero, pero con cierto embotamiento matinal.

d) Poco placentero, con embotamiento matinal, sensación de descanso insuficiente y dolores erráticos.

**11. ¿Qué trastorno presentan las personas con el cuadro clínico típico de *flashbacks*?**

a) Trastorno obsesivo-compulsivo.

b) Trastorno de estrés traumático.

c) Trastorno fóbico.

d) Trastorno de ansiedad generalizada.

**12. Según la DMS los trastornos del estado de ánimo o afectivos denominados trastornos depresivos, incluyen:**

a) Las fobias y los trastornos bipolares.

b) El episodio depresivo mayor, el episodio maníaco y el episodio mixto.

c) El trastorno depresivo mayor y el trastorno distímico.

d) Los trastornos bipolares y ciclotímicos.

**13. ¿Qué trastorno del ánimo o afectivo (según DSM) pertenece al grupo de los trastornos depresivos?**

a) Trastorno Depresivo Mayor.

b) Episodio maníaco.

c) Episodio mixto.

d) Trastorno bipolar.

**14. ¿Qué otro nombre recibe los trastornos bipolares?**

a) Ciclotimia.

b) Psicosis afectiva no polar.

c) Psicosis falsotímica.

d) Todos los anteriores son correctos.

**15. ¿En qué momento del síndrome bipolar ciclotímico existe mayor riesgo de suicidio?**

a) Al principio de la fase maníaca.

b) En el momento de la fase depresiva.

c) Al recuperarse de la fase depresiva.

d) Al recuperarse de la fase maníaca.

**16. ¿Cuántos ítems posee el Índice de Barthel?**

a) 5.

b) 10.

c) 15.
d) 20.

**17. ¿Qué valoración, dentro de la valoración geriátrica integral, va dirigida a identificar y evaluar alteraciones en la capacidad de realizar funciones intelectuales, de forma que nos aporte información de interés respecto a su capacidad para desarrollar sus actividades cotidianas, incluido el trabajo, así como su capacidad de autocuidado?**

a) Valoración clínica.
b) Valoración funcional.
c) Valoración cognitiva.
d) Valoración social.

**18. ¿Cuál es la puntuación que nos marca el punto de corte ante una depresión moderada en el test de Hamilton (Rating Scale para Depresión de Hamilton)?**

a) Puntuación de 18.
b) Puntuación de 12.
c) Puntuación de 8.
d) Puntuación de 4.

**19. ¿Cuántos ítems posee la Escala Social de Gijón?**

a) 3.
b) 4.
c) 5.
d) 6.

**20. ¿Cada cuánto tiempo el anciano debe hidratar las uñas y su cutícula para mantenerlas blandas y evitar que se rompan?**

a) Cada día.
b) Cada tres días.
c) Cada semana.
d) Cada mes.

En MADTEST tienes **más preguntas de este tema**, y todos tus avances quedan registrados y se reflejan en el ranking.

**¡Supera tus límites con MADTEST!**

# Solución al test n.º 20

**1.** d) La atención domiciliaria.

**2.** c) Aceleran la muerte.

**3.** c) Está limitado a 6 meses (± 3).

**4.** b) No maleficencia.

**5.** d) Ortotanasia.

**6.** d) La planta del tabaco era conocida desde la antigüedad en diversos continentes, sin embargo, su utilización y consumo proceden de África.

**7.** b) El consumo de tabaco.

**8.** c) Fenoles, peróxido de nitrógeno y ácido cianhídrico, entre otras.

**9.** b) Muscarínicos.

**10.** d) Poco placentero, con embotamiento matinal, sensación de descanso insuficiente y dolores erráticos.

**11.** b) Trastorno de estrés traumático.

**12.** c) El trastorno depresivo mayor y el trastorno distímico.

**13.** a) Trastorno Depresivo Mayor.

**14.** a) Ciclotimia.

**15.** c) Al recuperarse de la fase depresiva.

**16.** b) 10.

**17.** c) Valoración cognitiva.

**18.** a) Puntuación de 18.

**19.** c) 5.

**20.** a) Cada día.

# TEST N.º 21

**Úlceras por presión: concepto. Proceso de formación, zonas y factores de riesgo. Medidas de prevención**

**1. ¿Qué es lo más importante de lo que se expone en relación con las úlceras por presión a nivel sanitario?**

a) Su tratamiento.
b) Su diagnóstico.
c) Su prevención.
d) Conocer sus causas.

**2. ¿En qué personas se dan más úlceras por presión?**

a) En personas encamadas.
b) En personas con buena movilidad.
c) En personas bien nutridas.
d) Nada de lo anterior es cierto.

**3. ¿Qué causa de estas es neurológica o nerviosa en la génesis de la úlcera por presión?**

a) Parálisis.
b) Arteriosclerosis.
c) Alteraciones de la microcirculación.
d) Todo lo anterior es cierto.

**4. ¿Cuáles son los planos duros que ejercen presión para que se dé la úlcera por presión?**

a) El colchón o asiento sobre el que reposa el enfermo y por otro la superficie ósea del paciente.
b) Las sábanas o colchas empleadas y las manos de los cuidadores.
c) Las manos de los cuidadores y el colchón o asiento sobre el que reposa el enfermo.
d) Las manos de los cuidadores y la superficie ósea del paciente.

**5. ¿Qué tipo de enfermo de estos puede tener la consciencia alterada y por ello ser más susceptible a padecer úlceras por presión?**

a) Enfermos psiquiátricos sometidos a fuertes dosis de sedantes.
b) Enfermos incontinentes.
c) Enfermos con Síndrome de Cushing.
d) Ninguno de los anteriores.

**6. Se padecerá de úlcera por presión cuando haya circunstancias favorables y se dé un apoyo cutáneo que sobrepase como mínimo:**

a) Media hora.
b) Una hora.
c) Dos a tres horas.
d) Veinte horas.

**7. En posición de sentado, la úlcera por presión aparecerá más frecuentemente en:**

a) La tuberosidad isquiática.
b) La tuberosidad púbica.
c) Los acromiones.
d) Los olécranos.

**8. ¿Cómo se denominan las úlceras por presión acaecidas por mecanismos de presión y roce derivados del uso de materiales empleados en un tratamiento?**

a) Mecánicas.
b) Físicas.
c) Iatrogénicas.
d) Idiopáticas.

**9. La aparición de úlcera iatrogénica en muñecas y pies, suele ser por:**

a) Agresiones indebidas del sanitario.
b) Sujeciones mecánicas.
c) Autolesiones.
d) No se producen.

**10. ¿En qué estadio está una úlcera por presión (según la *Agency for Health Care and Research*) cuando aparece un eritema que no cede al retirar el estímulo de presión en piel intacta?**

a) Estadio I.
b) Estadio II.
c) Estadio III.
d) Estadio IV.

**11. ¿Cómo se denomina la última fase de formación de la úlcera de presión o forma más evolucionada?**

a) Fase final de exitus.
b) Fase escoriativa.
c) Fase eritematosa.
d) Fase necrótica.

**12. ¿Qué estadio es la preúlcera según la clasificación del *Grupo Nacional para el Estudio y Asesoramiento sobre las Úlceras por Presión y el Grupo Europeo de Úlceras por Presión*?**

a) Estadio 0.
b) Estadio 1.
c) Estadio a.
d) Estadio A.

**13. ¿Cuántos parámetros se valoran en la Escala de Norton?**

a) 3.
b) 4.
c) 5.
d) 6.

**14. Si la incontinencia del paciente es urinaria y fecal, en ese parámetro de la Escala de Norton obtendría una puntuación de:**

a) 4.
b) 3.
c) 2.
d) 1.

**15. ¿Qué puntuación presentaría un paciente (Escala de Norton) con úlcera por presión que presenta un estado físico general regular, una actividad disminuida, sin incontinencia, y está sentado y confuso?**

a) 24.
b) 20.
c) 13.
d) 9.

**16. ¿Qué factor o factores de riegos se miden en la Escala de Braden en pacientes con úlceras por presión?**

a) Percepción sensorial (capacidad para reaccionar ante una molestia relacionada con la presión).
b) Estado físico.
c) Estado mental.
d) Incontinencia.

**17. ¿Cuántos parámetros se valoran en la Escala de Braden?**

a) 3.
b) 4.
c) 5.
d) 6.

**18. ¿Cuál es la base para la prevención y el tratamiento de las úlceras por presión?**

a) Sequedad de la cama y sus útiles.
b) Sequedad de la piel del paciente y adecuada nutrición de la misma.
c) Una planificación de los cuidados de enfermería basada en la continuidad sistemática de los mismos.
d) Son ciertas las respuestas a) y b).

**19. ¿Cada cuánto tiempo deben realizarse los cambios de posición en pacientes con riesgos a úlceras por presión?**

a) Cada 2-3 horas.
b) Cada 4-6 horas.
c) Cada 6-8 horas.
d) Cada 12 horas.

**20. ¿Cuándo no está contraindicado el masaje en la UPP?**

a) Nunca está contraindicado, es aconsejable.
b) Siempre está contraindicado, está prohibido ya que la agrava.
c) Cuando no agrava la preúlcera.
d) Si la zona aún no tiene enrojecimiento (eritema).

En MADTEST tienes **más preguntas de este tema**, y todos tus avances quedan registrados y se reflejan en el ranking.

**¡Supera tus límites con MADTEST!**

# Solución al test n.º 21

**1.** c) Su prevención.

**2.** a) En personas encamadas.

**3.** a) Parálisis.

**4.** a) El colchón o asiento sobre el que reposa el enfermo y por otro la superficie ósea del paciente.

**5.** a) Enfermos psiquiátricos sometidos a fuertes dosis de sedantes.

**6.** c) Dos a tres horas.

**7.** a) La tuberosidad isquiática.

**8.** c) Iatrogénicas.

**9.** b) Sujeciones mecánicas.

**10.** a) Estadio I.

**11.** d) Fase necrótica.

**12.** a) Estadio 0.

**13.** c) 5.

**14.** d) 1.

**15.** c) 13.

**16.** a) Percepción sensorial (capacidad para reaccionar ante una molestia relacionada con la presión).

**17.** d) 6.

**18.** c) Una planificación de los cuidados de enfermería basada en la continuidad sistemática de los mismos.

**19.** a) Cada 2-3 horas.

**20.** d) Si la zona aún no tiene enrojecimiento (eritema).

**Urgencias y emergencias: concepto. Primeros auxilios en situaciones críticas: politraumatizados, quemados, shock, intoxicación, heridas, hemorragias, asfixias. Reanimación cardiopulmonar básica. Mantenimiento y reposición del material necesario (carro de parada). Inmovilizaciones y traslado de enfermos**

**1. Consideramos que lo ideal sería que supieran técnicas de RCP:**

a) Todo el personal sanitario.
b) Todo el personal de primera intervención.
c) Todos los ciudadanos.
d) Todo el personal que trabaje en un servicio sanitario.

**2. El estilo Utstein en el soporte vital básico es:**

a) Un acuerdo a nivel mundial para consensuar definiciones relacionadas con la RCP.
b) La principal asociación de indicaciones en RCP a nivel europeo.
c) La secuencia de actuación correcta ante una emergencia clínica.
d) Todas son ciertas.

**3. El primer eslabón de la cadena de supervivencia es:**

a) RCP básica.
b) Desfibrilación precoz.
c) Activación de los servicios de emergencia.
d) Soporte vital avanzado.

**4. El número seleccionado en toda Europa para la activación de los servicios de emergencias es:**

a) 112.
b) 061.
c) 060.
d) 092.

**5. La causa más frecuente de parada cardiorrespiratoria en adultos es:**

a) Torsades de pointes.
b) FV.
c) FA.
d) Enfermedad terminal.

**6. Para despejar la vía aérea usaremos la técnica de:**

a) Tracción mandibular.
b) VOS.
c) Insuflaciones.
d) Dedo en gancho.

**7. La secuencia correcta entre MCE (masaje cardiaco externo) e insuflaciones es de:**

a) 30/2.
b) 15/2.
c) 30/1.
d) Depende del número de reanimadores.

**8. ¿Cuál de las siguientes afirmaciones sobre el boca a boca es falsa?**

a) Debemos tapar los orificios nasales.
b) Debemos sellar la boca del paciente con nuestra boca.
c) Se realizarán 2 insuflaciones cada 30 compresiones.
d) Se realizará una insuflación profunda para mejorar la oxigenación.

**9. Consideraremos una obstrucción como parcial si:**

a) El paciente no se encuentra atragantado.
b) El paciente puede respirar y toser.
c) El paciente no puede toser.
d) El paciente se encuentra consciente.

**10. Ante una hemorragia:**

a) Deberemos dar agua para reponer el volumen perdido.
b) Deberemos usar un torniquete.
c) Deberemos hacer compresión sobre la herida.
d) Deberemos aplicar calor seco.

**11. ¿Cuál es la clínica de la intoxicación por litio?**

a) Náuseas, vómitos, diarrea, ataxia, disartria, depresión del nivel de conciencia, convulsiones, poliuria e hiponatremia.
b) Sopor, pérdida de reflejos, hipotermia, hipotensión y trastornos motores.

c) Alteración del nivel de conciencia, depresión del SNC, ataxia, náuseas y vómitos.
d) Disartria, hiperreflexia, depresión respiratoria, convulsiones e hipotensión.

**12. ¿Cuáles son las valoraciones que se deben hacer a un paciente con un traumatismo craneoencefálico?**

a) Valoración respiratoria y neurológica.
b) Valoración circulatoria y externa en busca de heridas.
c) Valoración respiratoria, circulatoria y neurológica.
d) Valoración circulatoria e inspección, palpación y auscultación de la cabeza.

**13. ¿Qué tres parámetros se evalúan en la atención de enfermería de un paciente con un traumatismo craneoencefálico para evaluar su conciencia?**

a) Apertura de ojos, respuesta verbal y respuesta motora.
b) Apertura de ojos, respuesta pupilar ante un foco de luz y respuesta verbal.
c) La relación entre las pupilas, la presión intracraneal y la capacidad pulmonar.
d) Respuesta motora, respuesta verbal y respuesta pupilar a la luz.

**14. Los signos y síntomas de las fracturas consisten en:**

a) Hinchazón, cambios de color, mareos, náuseas, delirios.
b) Torpeza, sudoración, angustia, fatiga, hinchazón local, arritmias y cambios de humor.
c) Dolor, pérdida de función, deformidad, acortamiento, crepitación, hinchazón local y cambios de color.
d) Ninguna de las respuestas anteriores es cierta.

**15. En las fracturas de huesos largos los fragmentos pueden presentar un traslado de:**

a) 3 a 6 cm.
b) 1,5 a 5 cm.
c) 2,5 a 4,5 cm.
d) 2,5 a 5 cm.

**16. ¿Cuál de estas corresponde al grado IV de fractura abierta?**

a) Es una herida abierta de menos de 1 cm de longitud.
b) Es de mayor diámetro sin lesión extensa de los tejidos blandos.
c) No existe el grado IV de fractura abierta.
d) Es más grave, con lesión amplia de tejidos blandos y alto grado de contaminación.

**17. ¿Cuál de las siguientes forma parte de los factores de cicatrización de las heridas?**

a) Insomnio.
b) Huésped comprometido.

c) Ansiedad.
d) Sistema respiratorio.

**18. Cuando la profundidad de la herida atraviesa el tejido subcutáneo hablamos de tipo:**

a) Perforante.
b) Profunda.
c) Superficial.
d) Penetrante.

**19. Forma parte de la actitud de enfermería en caso de hemorragia dental:**

a) Informar al paciente de la necesidad de respirar por la boca y de evitar toser o realizar movimientos bruscos para que no se deshaga el coágulo que se forma.
b) Tomar las constantes vitales de forma continua.
c) Colocar un tapón de gasa humedecido en agua oxigenada en el lugar de la hemorragia e informar al paciente de que debe aprisionarlo fuertemente.
d) Trasladar al paciente al hospital.

**20. Sabemos que es una hemorragia arterial cuando:**

a) La sangre que brota lo hace de forma continua y babeante. Es de color rojo menos intenso que la sangre arterial (color rojo azulado).
b) La sangre es de color rojo intenso y sale a presión, siendo más acentuada la salida con la sístole cardiaca.
c) Brota de múltiples puntos en forma de sábana (como si de manantiales de agua se tratara). Es de color intermedio entre los dos anteriores.
d) La sangre es de color negro intenso y no se aprecia presión.

En MADTEST tienes **más preguntas de este tema**, y todos tus avances quedan registrados y se reflejan en el ranking.

**¡Supera tus límites con MADTEST!**

# Solución al test n.º 22

**1.** c) Todos los ciudadanos.

**2.** a) Un acuerdo a nivel mundial para consensuar definiciones relacionadas con la RCP.

**3.** c) Activación de los servicios de emergencia.

**4.** a) 112.

**5.** b) FV.

**6.** a) Tracción mandibular.

**7.** a) 30/2.

**8.** d) Se realizará una insuflación profunda para mejorar la oxigenación.

**9.** b) El paciente puede respirar y toser.

**10.** c) Deberemos hacer compresión sobre la herida.

**11.** a) Náuseas, vómitos, diarrea, ataxia, disartria, depresión del nivel de conciencia, convulsiones, poliuria e hiponatremia.

**12.** c) Valoración respiratoria, circulatoria y neurológica.

**13.** a) Apertura de ojos, respuesta verbal y respuesta motora.

**14.** c) Dolor, pérdida de función, deformidad, acortamiento, crepitación, hinchazón local y cambios de color.

**15.** d) 2,5 a 5 cm.

**16.** c) No existe el grado IV de fractura abierta.

**17.** b) Huésped comprometido.

**18.** b) Profunda.

**19.** c) Colocar un tapón de gasa humedecido en agua oxigenada en el lugar de la hemorragia e informar al paciente de que debe aprisionarlo fuertemente.

**20.** b) La sangre es de color rojo intenso y sale a presión, siendo más acentuada la
salida con la sístole cardiaca.

**Salud laboral: concepto. Condiciones físico-ambientales del trabajo. Accidentes de riesgo biológico: medidas de prevención. Ergonomía: métodos de movilización de enfermos e incapacitados**

**1. ¿Cuál es en España la norma básica que regula en la actualidad la materia de Prevención de Riesgos Laborales?**

a) Ley 31/1995, de 8 de noviembre.
b) Ley 13/1990, de 22 de abril.
c) Ley 22/2000, de 12 de diciembre.
d) Ley 14/1998, de 25 de septiembre.

**2. La Higiene teórica proveniente de la Higiene en el Trabajo:**

a) Se encarga de la identificación cualitativa y cuantitativa de los agentes nocivos.
b) Se encarga de buscar soluciones a los problemas detectados y trata de eliminar todos los riesgos.
c) Se encarga del estudio a través de la investigación en el ámbito de la higiene laboral.
d) Se encarga de estudiar la relación entre dosis de exposición al agente nocivo y la respuesta que este desencadena en el organismo humano.

**3. ¿De qué se dice que "es aquel en el que la producción de calor metabólico está en equilibrio con las pérdidas de calor orgánico (por convección e irradiación), las pérdidas de calor respiratorio y la transpiración insensible"?**

a) Ambiente térmico fisiológico.
b) Ambiente térmico neutro.
c) Ambiente térmico físico-químico.
d) Nada de lo anterior es cierto.

**4. ¿Cuál es la unidad más empleada en medicina del trabajo respecto al ambiente sonoro, si queremos evaluar la existencia o no de contaminación acústica?**

a) Lumen.
b) Son.

c) Decibelio.
d) metro/segundo.

**5. ¿Qué radiaciones electromagnéticas de estas consideras ionizante?**

a) Radiaciones Y e infrarroja.
b) Radiaciones X y gamma.
c) Radiaciones alfa y beta.
d) Radiaciones alfa e infrarroja.

**6. ¿Qué medida universal de estas respecto a los riesgos relacionados con la exposición a agentes biológicos durante el trabajo en ambientes hospitalarios es del tipo inmunización activa?**

a) Suero frente a hepatitis B.
b) Vacunación frente a hepatitis B.
c) Quimioprofilaxis antivírica.
d) Todo lo anterior es cierto.

**7. La esterilización por calor húmedo bajo presión es mediante:**

a) Autoclave.
b) Poupinel.
c) Incineración.
d) Flameado.

**8. ¿Qué zona corporal es la más dañada por la manipulación de cargas?**

a) Espalda (zona dorsolumbar).
b) Tórax.
c) Espalda (zona cervical).
d) Extremidades inferiores.

**9. ¿Qué carga no se recomienda que manejen mujeres, trabajadores jóvenes o aquellos de edad avanzada?**

a) Cargas superiores a 5 kg.
b) Cargas superiores a 15 kg.
c) Cargas superiores a 25 kg.
d) Cargas superiores a 35 kg.

**10. ¿Cuál es el tamaño máximo recomendable de una carga (alto x ancho x profundo, en cm)?**

a) 70 x 50 x 50.
b) 60 x 60 x 60.

c) 60 x 60 x 50.
d) 80 x 60 x 60.

**11. ¿Qué distancias indicarán las «coordenadas» de la situación espacial de la carga?**

a) Distancias H y T.
b) Distancias T y V.
c) Distancias H y S.
d) Distancias H y V.

**12. ¿A qué se denomina la disminución de la capacidad física y mental después de realizar un trabajo?**

a) Carga mental.
b) Fatiga.
c) Adinamia.
d) Estrés.

**13. La carga mental se denomina también:**

a) Esfuerzo intelectual.
b) Esfuerzo mental.
c) Carga psíquica.
d) Carga cognitiva.

**14. ¿Cómo se llama también el síndrome de quemado o de agotamiento profesional?**

a) Mobbing.
b) Burnout.
c) Eustrés.
d) Distrés.

**15. La ciencia de la adaptación del trabajo al hombre es:**

a) Laborterapia.
b) Ergonomía.
c) Terapia Ocupacional.
d) Ninguna de las anteriores.

**16. ¿Qué ergonomía se encarga del estudio de la relación entre el ser humano y las condiciones métricas de su puesto de trabajo en lo relativo a su comodidad y confort estático, tanto en posiciones de pie como sentado, pie-sentado, etc.?**

a) Ergonomía geométrica.
b) Ergonomía geográfica.

c) Ergonomía ambiental.
d) Ergonomía temporal.

**17. Los esfuerzos repetitivos de las muñecas pueden ocasionar:**

a) Tendinitis.
b) Cefaleas.
c) Lumbalgias.
d) Todo lo anterior.

**18. ¿Qué riesgo en particular pueden presentar más frecuentemente las cargas de peso en diferentes situaciones cuando es demasiado pesada o demasiado voluminosa?**

a) Riesgo craneocervical.
b) Riesgo cervical.
c) Riesgo dorsocervical.
d) Riesgo dorsolumbar.

**19. ¿En qué circunstancias el medio de trabajo no aumenta el riesgo, particularmente dorsolumbar?**

a) Cuando el espacio libre, especialmente vertical, resulta insuficiente para el ejercicio de la actividad de que se trate.
b) Cuando el suelo es regular.
c) Cuando la situación o el medio de trabajo no permite al trabajador la manipulación manual de cargas a una altura segura.
d) Cuando la situación o el medio de trabajo no permite al trabajador la manipulación manual de cargas en una postura correcta.

**20. ¿Qué equipo (EPI) suele emplearse como de uso general a nivel sanitario?**

a) Delantales.
b) Guantes de látex.
c) Gafas de seguridad.
d) Viseras.

En MADTEST tienes **más preguntas de este tema**, y todos tus avances quedan registrados y se reflejan en el ranking.

**¡Supera tus límites con MADTEST!**

# Solución al test n.º 23

**1.** a) Ley 31/1995, de 8 de noviembre.

**2.** d) Se encarga de estudiar la relación entre dosis de exposición al agente nocivo y la respuesta que este desencadena en el organismo humano.

**3.** b) Ambiente térmico neutro.

**4.** c) Decibelio.

**5.** b) Radiaciones X y gamma.

**6.** b) Vacunación frente a hepatitis B.

**7.** a) Autoclave.

**8.** a) Espalda (zona dorsolumbar).

**9.** b) Cargas superiores a 15 kg.

**10.** c) 60 x 60 x 50.

**11.** d) Distancias H y V.

**12.** b) Fatiga.

**13.** d) Carga cognitiva.

**14.** b) Burnout.

**15.** b) Ergonomía.

**16.** a) Ergonomía geométrica.

**17.** a) Tendinitis.

**18.** d) Riesgo dorsolumbar.

**19.** b) Cuando el suelo es regular.

**20.** b) Guantes de látex.

**Documentación sanitaria: clínica y no clínica. Sistemas de información utilizados en Atención Primaria y Especializada: generalidades**

**1. ¿Cada cuánto tiempo generalmente se deben actualizar las órdenes de tratamientos?**

a) Cada día.
b) Cada tres días.
c) Cada semana.
d) Cada mes.

**2. ¿En qué hoja operatoria se hace constar las peticiones al banco de sangre, radiodiagnóstico, los envíos a anatomía patológica, etc.?**

a) Hoja de enfermería.
b) Hoja de intervención quirúrgica.
c) Hoja de anestesia.
d) Hoja de diagnóstico.

**3. En los registros de actividades y codificación a nivel sanitario, se podrá incluir los datos siguientes, excepto:**

a) Código postal del domicilio habitual del paciente.
b) Número de Historia clínica del enfermo.
c) Orientación sexual del paciente.
d) Se podrá incluir todo.

**4. El consumo de alcohol, como hábito tóxico, se debe expresar en la Historia Clínica como:**

a) Centímetros cúbicos de alcohol al día.
b) Volumen total de etanol en una semana.
c) Gramos de etanol al día.
d) Masa total de alcohol en una semana.

**5. ¿Dónde suele emplearse el orden alfabético en la ordenación de Historias Clínicas de pacientes?**

a) En el medio rural.
b) En el medio urbano.
c) En países árabes.
d) En algunas Comunidades Autónomas, por considerarse algo tradicional.

**6. Respecto al consentimiento informado como documento de la historia clínica, solo será exigible en la misma cuando:**

a) Lo solicite el paciente o el representante legal.
b) Se trate de un proceso de hospitalización y lo solicite el médico.
c) Lo solicite el paciente (o el representante legal) y el médico.
d) Se trate de un proceso de hospitalización o así se disponga normativamente.

**7. Un centro sanitario es:**

a) El conjunto organizado de profesionales que realizan actividades y prestan servicios para cuidar la salud de los pacientes y usuarios.
b) El conjunto organizado de profesionales exclusivamente sanitarios, de instalaciones y de medios técnicos que realizan actividades y prestan servicios para cuidar la salud de los pacientes y usuarios.
c) El conjunto organizado de profesionales, instalaciones y medios técnicos que realiza actividades y presta servicios para cuidar la salud de los pacientes y usuarios.
d) El conjunto organizado de instalaciones y medios técnicos necesarios para realizar actividades y prestar servicios para cuidar la salud de los pacientes y usuarios.

**8. ¿Cómo debe ser necesariamente el consentimiento informado de un paciente?**

a) La conformidad libre, voluntaria e inconsciente (sin necesidad de estar en pleno uso de sus facultades).
b) La conformidad forzada, voluntaria e consciente o/e inconsciente (sin necesidad de estar en pleno uso de sus facultades).
c) La conformidad forzada, involuntaria y consciente (con necesidad de estar en pleno uso de sus facultades).
d) La conformidad libre, voluntaria y consciente (con necesidad de estar en pleno uso de sus facultades).

**9. El acceso a la historia clínica con fines asistenciales corresponde a:**

a) Los tribunales.
b) Los profesionales asistenciales del centro que realizan el diagnóstico o el tratamiento del paciente.

c) Los profesionales no asistenciales del centro que realizan el diagnóstico o el tratamiento del paciente.

d) Los profesionales asistenciales y no asistenciales del centro que realizan el diagnóstico o el tratamiento del paciente.

**10. ¿Cuántos años como mínimo (contados desde la fecha del alta de cada proceso asistencial), los centros sanitarios tienen la obligación de conservar la documentación clínica en condiciones que garanticen su correcto mantenimiento y seguridad?**

a) 2.
b) 5.
c) 10.
d) 25.

**11. ¿Cuándo no puede ejercitarse el derecho al acceso del paciente a la documentación de la historia clínica?**

a) Cuando quiera obtener los datos propios del paciente mediante copia de los que figuran en ella y por petición personal.

b) Cuando quiera obtener los datos propios del paciente mediante copia de los que figuran en ella y por petición por representación debidamente acreditada.

c) Cuando se produce perjuicio del derecho de los profesionales participantes en su elaboración, tanto sea por petición personal, o como por representación debidamente acreditada.

d) Se puede ejercitar en todos los casos antes mencionados.

**12. ¿Quién no tendrá derecho a recibir el informe de alta del centro, servicio o establecimiento sanitario, una vez finalizado el proceso asistencial?**

a) Paciente.
b) Familiar.
c) Amigo (con vínculos).
d) Amigo (conocido sin vínculos).

**13. ¿Dónde queda almacenada la información clínica de un paciente, cuando junto con su historia clínica quedan almacenadas todas las historias del centro una vez que se han cerrado?**

a) En un fichero.
b) En el archivo de consulta o de planta.
c) En el archivo central.
d) En el libro de Urgencias.

**14. ¿Qué dato es incorrecto respecto a la cumplimentación de un documento clínico?**

a) Llevarán en su encabezamiento el membrete del centro sanitario.
b) No siempre deberán llevar la firma del médico que hace la petición.
c) Solo deben estar impresos por una cara.
d) El tamaño de los impresos debe ser DIN A4.

**15. ¿Qué artículo de la ley de Cohesión y Calidad del Sistema Nacional de Salud regula las tarjetas sanitarias individuales?**

a) El artículo 17.
b) El artículo 26.
c) El artículo 42.
d) El artículo 57.

**16. ¿En qué se centra la historia de enfermería de atención primaria?**

a) En las curas y demás técnicas que realiza el personal de enfermería a los distintos pacientes ingresados.
b) En los cuidados que hay que dispensar a la población relacionados, por ejemplo, con los programas específicos para crónicos, hipertensos, diabéticos, vacunaciones y educación sanitaria a los enfermos y a la población en general.
c) Es un documento en el que se describen las actividades que realizan las enfermeras en la asistencia domiciliaria.
d) Ninguna es correcta.

**17. No es una función del archivo de historias clínicas:**

a) Conservación de los documentos.
b) Acceso a la documentación.
c) Sistematización del archivo, información y educación.
d) Identificar y acreditar al usuario para acceder a los servicios sanitarios de la Seguridad Social.

**18. ¿Qué etapa del diseño de un sistema de información sanitaria es aquella que identifica los elementos que lo componen, relaciones entre ellos y los objetivos a alcanzar?**

a) Identificación de los niveles de decisión.
b) Definición del sistema.
c) Definición de las funciones de sus elementos.
d) Identificación de los tipos de decisión.

**19. ¿Cuál es el documento que recoge los cuidados que hay que proporcionar a la población general y no necesariamente enfermos (vacunaciones), y/o aquellas actuaciones en programas específicos de prevención y seguimiento de enfermedades crónicas?**

a) Historia médica.
b) Historia clínica.
c) Historia de enfermería.
d) Historia del paciente.

**20. ¿Cómo se denomina el documento emitido por el médico responsable en un centro sanitario al finalizar cada proceso asistencial de un paciente, que especifica los datos de este, un resumen de su historial clínico, la actividad asistencial prestada, el diagnóstico y las recomendaciones terapéuticas?**

a) Certificado médico.
b) Informe de alta médica.
c) Informe de evaluación médica.
d) Consentimiento informado.

En MADTEST tienes **más preguntas de este tema**, y todos tus avances quedan registrados y se reflejan en el ranking.

**¡Supera tus límites con MADTEST!**

# Solución al test n.º 24

**1.** a) Cada día.

**2.** a) Hoja de enfermería.

**3.** c) Orientación sexual del paciente.

**4.** c) Gramos de etanol al día.

**5.** a) En el medio rural.

**6.** d) Se trate de un proceso de hospitalización o así se disponga normativamente.

**7.** c) El conjunto organizado de profesionales, instalaciones y medios técnicos que realiza actividades y presta servicios para cuidar la salud de los pacientes y usuarios.

**8.** d) La conformidad libre, voluntaria y consciente (con necesidad de estar en pleno uso de sus facultades).

**9.** b) Los profesionales asistenciales del centro que realizan el diagnóstico o el tratamiento del paciente.

**10.** b) 5.

**11.** c) Cuando se produce perjuicio del derecho de los profesionales participantes en su elaboración, tanto sea por petición personal, o como por representación debidamente acreditada.

**12.** d) Amigo (conocido sin vínculos).

**13.** c) En el archivo central.

**14.** b) No siempre deberán llevar la firma del médico que hace la petición.

**15.** d) El artículo 57.

**16.** b) En los cuidados que hay que dispensar a la población relacionados, por ejemplo, con los programas específicos para crónicos, hipertensos, diabéticos, vacunaciones y educación sanitaria a los enfermos y a la población en general.

**17.** d) Identificar y acreditar al usuario para acceder a los servicios sanitarios de la Seguridad Social.

**18.** b) Definición del sistema.

**19.** c) Historia de enfermería.

**20.** b) Informe de alta médica.

# Cómo acceder al Curso

## Técnico/a en Cuidados Auxiliares de Enfermería
### Test del temario

El uso de los códigos **es exclusivo de los compradores de los productos de Editorial MAD**. Cada producto posee un código único y de un solo uso. Es personal e intransferible y da acceso a servicios y contenidos adicionales. Editorial MAD se reserva el derecho de hacer cuantas comprobaciones sean necesarias para identificar al legítimo poseedor del código y dejar de dar servicio a quien haga uso fraudulento del mismo, además de emprender cuantas acciones legales estime oportunas según la legislación vigente.

Deberás acceder a:

**mad.es/registro-campus**

Si una vez aceptadas las condiciones de uso del Campus decides hacer uso del mismo, necesitarás del siguiente código de acceso junto con los códigos del resto de títulos que se exigen (si fuera el caso):

EDP8CJ629S